GAFA × BATH

米中
メガテックの
競争戦略

田中道昭
立教大学ビジネススクール教授

日本経済新聞出版

はじめに

◎GAFAとBATHなしに未来は語れない

GAFA（米国のグーグル、アップル、フェイスブック、アマゾン・ドット・コム）とBATH（中国のバイドゥ、アリババ、テンセント、ファーウェイ）を代表とする米中の巨大テクノロジー（メガテック）企業の動向が、今グローバル経済に大きな影響を与えています。それぞれの戦略や最新技術が産業を牽引し、各社に〝不祥事〟が生じれば「〇〇ショック」として世界同時株安を招きもする……これらメガテック企業の影響を受けない人も国家も存在しないといっていいほどです。

当初は米国企業が先駆者利益を確保し、それを模倣する格好で中国企業が事業展開してきました。しかし、もはや多くの分野において、中国メガテック企業が技術そのものやその社会実装という点で「本家」の地位を脅かしています。

２０１８年春頃から一気に顕在化してきた米中貿易戦争。私は、その本質を「貿易×テクノロジー覇権×安全保障」の戦いであると見ています。貿易戦争自体は表面的には比較的早期に収束する可能性がある一方、テクノロジー覇権と安全保障に関する戦いは長きにわたると予測されます。これらについては後述しますが、中国企業が最先端テクノロジーを巡って米国の大きな脅威となったからこそ、この戦いが一気に顕在化したといえるでしょう。

◎8社を分類し比較する

本書はGAFAとBATHという米中メガテック企業8社の分析をテーマとしていますが、分析にあたっては、そもそもの事業ドメインから次のように分類し、比較していきます。

・アマゾン×アリババ（Eコマースからスタートした2社）
・アップル×ファーウェイ（「メーカー」「ものづくり」からスタートした2社）
・フェイスブック×テンセント（SNSからスタートした2社）
・グーグル×バイドゥ（検索サービスからスタートした2社）

分類し、比較するということが、本書の大きな特徴の1つです。分析の本質である「比較すること」によって、今もっともベンチマークすべき米中メガテック企業8社をより深く包括的に理解することができます。8社間比較、4社間比較、3社間比較、2社間比較などを縦横無尽に行うことで初めて見えてくるものが少なくありません。

ＧＡＦＡとＢＡＴＨについては、**「存在はもちろん知っているけれど、何が本業なのか、何がすごいのか、正直、キャッチアップできていない」**という方もいるでしょう。

そのため、本書では、分析に際して、まずは〝知っているようで実は知らない〟各企業の基本的な事業構造などを平易に解説、次に**「5ファクターメソッド」**という筆者独自のアプローチでそれぞれの戦略を読み解いていきます。このメソッドは、中国の古典的な戦略論「孫子の兵法」の中でも特に重要な要素である「五事」（「道」「天」「地」「将」「法」）を筆者なりにアレンジし、現代マネジメントの視点から再構築したものです。これは序章で詳しく説明します。

その後、第1章〜第4章で**最新動向を交えて各企業・産業の今後を考察**していきます。

第5章においては、「ＲＯＡマップ」を用いた8社の**総合的な分析と共に米中新冷戦の分析**も行います。通常のビジネスに従事する者にとって、米中新冷戦がプラスになることはないといっていいでしょう。米中新冷戦に勝者はいないはずなのです。それでも、戦いの構図を丁寧に分析していくと、国と国がつながり、産業と産業がつながり、企業と企業がつながり、人と人がつながってきたからこそ分断化の流れが起きていることがわかります。こうした問題意識から、8社の分析と政治・経済・社会・技術の4分野を同時に戦略分析（ＰＥＳＴ分析）していきます。そして、終章で**日本への示唆**に言及していきます。ここでキーワードとなるのは目的設定のリセットと戦略の要諦です。

◎8社の分析で何が見えてくるのか

米中メガテック企業8社を分析する意義はどこにあるのか。私は、それを以下の5つと考えています。

①「プラットフォーマーの覇権争い」が読める

8社のほとんどは「プラットフォーマー」とも呼ばれ、それぞれの領域で独自の経済圏を拡大しています。プラットフォームとはもともとは台、土台、基盤などの意味。プラットフォーマーとは、「ビジネスや情報配信を行うに際して基盤となるような製品・サービス・システムを、第三者に提供する事業者」です。いわば**今後のビジネスの最重要となる部分を担う事業者**であり、日本のみならずグローバルなレベルでの産業変革を知るためにこの8社の分析が重要なのは論をまたないでしょう。

②「先駆者利益を創造する存在となった中国勢の動向」が読める

模倣からスタートした中国メガテック企業が、今や**独自でイノベーションを起こし、新たな価値を創造**しています。後発者利益を獲得し、先駆者利益を創造するようになってきた中国勢の一連の流れには大いに注目する必要があります。

③「同じ事業ドメインから異なる進化を遂げる理由」が読める

前述したように本書では、「同じ事業ドメインからスタート」という括りで米中の企業を2社ずつ分類しています。たとえば、フェイスブックと同様にSNSからスタートしたものの、多くの産業に進出し大きな存在感を示しているテンセントなど、同じ種から、異なる果実が実ることがあるのはなぜか。**事業展開の方向性やスピードを左右する根底にあるもの**を考察する意義は大きいと思います。

④「産業・社会・テクノロジー・あるべき企業の未来」が読める

8社の分析から主要産業の動向や近未来の姿が読み解けます。電機、電子、通信、電力、エネルギー、自動車、エンターテインメント……今や、主要産業の動向とGAFA、BATHの動向とは表裏一体であり、主要産業の近未来予測を行う上でも、本書の分析は不可欠なプロセスなのです。

さらに、社会全体の動向や近未来の姿も読み解くことができます。それぞれの分野において、自らの事業を通じて社会的問題と対峙し、新たな価値を生み出してきた8社。**「自由か統制か」「所有かシェアか」「開放か閉鎖か」**など、社会の方向性や価値観を占う意味でも、この分析は重要です。

もちろん、テクノロジーの動向や近未来の姿を読み解く意義もあります。ＡＩ（人工知能）、ＩｏＴ（モノのインターネット）、５Ｇ（第5世代通信）、ＶＲ（バーチャル・リアリティ＝仮想現実）／ＡＲ（オーグメンテッド・リアリティ＝拡張現実）などです。特にＡＩという最重要テクノロジーにおいては、すでに普及段階に入ってきた音声ＡＩアシスタントやＡＩの応用としての自動運転など、８社の動向が最先端テクノロジーの動向とほぼイコールといえるでしょう。

もう１つ重要なことは、この８社の分析から、企業の動向や近未来の姿が読み解けることです。大胆なビジョンを掲げ、高速でＰＤＣＡを回していくこと、プラットフォーマーが独占しつつあるビッグデータとプライバシー問題への意識の高まりなど、それぞれの企業の戦略や抱えている課題は、**業種・規模を問わず、すべての企業に大きな示唆を提供**してくれると確信しています。

⑤「日本の未来」が読める

最後に、ＧＡＦＡ、ＢＡＴＨの分析を踏まえて、**日本や日本企業の活路を見出す**という意義があります。

かつて日本という国はテクノロジーの代名詞ともなっていました。「電機・電子立国」が崩れたといわれる中で、自動車産業は日本の最後の砦となっています。そんな自動車産業も、異業種間戦争に突入し、全産業の秩序を激変させる戦いが起こっているのです。そこで、日本や日本企業の活路を見出すためには8社の分析は不可欠です。

たとえば、米国テクノロジー企業が従事している産業での国際的なルールのできあがり方を観察すると、「はじめにルールありき」ではないことがわかります。

米国のプラットフォーム企業は、まずは自らが事業を通じて対峙したい社会的な問題を定義し、その問題に対する解決策を自社の商品・サービスを通じて提示することを徹底的に考えます。そして自らの新たな事業や商品が提供されることでどのような問題が解決され、どのような価値が新たに生まれるかを顧客や社会に対して提示していきます。もし既存の法律やルールの中で実現困難であれば、自主的に必要なルールを考え、業界内でルール化し、政府に働きかけ、さらに他の国にも働きかけていく――これが、たとえば現在の自動運転を巡る米国でのルールづくりの流れなのです。日本企業はこのようなやり方を米中メガテック企業から学ぶ必要があるでしょう。

以上の5つの意義を念頭に、

・米中メガテック企業8社をベンチマークする（分析し、参考にする）
・8社と直接競合する企業は対策を考える
・8社の分析を踏まえて自社の戦略を研ぎ澄ませる

という3つの視点を持って、本書を読み進めていただければと思います。

◎戦略やリーダーシップの「教科書」にも

私は、2017年に『アマゾンが描く2022年の世界』、2018年に『2022年の次世代自動車産業』（ともにPHPビジネス新書）を上梓しました。前者では、国家や社会に大きな影響を与えているアマゾンという企業の戦略を筆者の専門である「ストラテジー&マーケティング」と「リーダーシップ&ミッションマネジメント」という視点から分析、さらには同社を通じて近未来の予測を行いました。後者では、次世代自動車産業における戦いの構図を分析し、主要各社の戦略を読み解き、関連するテクノロジーを解説、日本の活路について考察しました。2作ともにそれぞれのテーマに興味をお持ちの方はもとより、登場する企業と競合する企業の方々、さらにまったく異業種の企業経営者やビジネスパーソンにも広く読まれました。

本書も、幅広い業種における幅広い職種の方々や学生の方などに向けて、GAFA、BATHを題材とする「ストラテジー＆マーケティング」と「リーダーシップ＆ミッションマネジメント」の教材としてもお読みいただけるものとなるよう腐心しました。米中メガテック企業8社の分析は、**企業戦略やリーダーシップ、ミッションマネジメントの「教科書」**であり、本書もそれを重要な目的の1つとしています。

冒頭で述べたように、今やGAFAとBATHなしに未来は語れません。8社を同時に見ていくことで、いろいろな問題意識を持ち、さらには自分自身の使命感を新たにすることができるのではないかと思います。

本書が、読者の皆さんの学びの気持ちや日々のビジネスに貢献するだけでなく、日本や日本企業の活路に少しでも貢献するものになることを切望しています。

2019年3月

田中道昭

GAFA×BATH 目次

序章 「5ファクターメソッド」でメガテックを分析する

第1章 アマゾン×アリババ

アマゾン経済圏とアリババ経済圏の戦い

amazon

第2章 アップル×ファーウェイ

プラットフォーマーとハードウエアメーカー。「ショック」をどう越えるか

Apple

第3章 フェイスブック×テンセント

目的としてのSNSか、手段としてのSNSか

Facebook

第4章

グーグル×バイドゥ

検索サービスから事業を拡大。狙うはAIの社会実装

第5章

GAFA×BATHの総合分析と米中の新冷戦

終章 GAFA×BATH時代、日本への示唆

装幀◎小口翔平＋岩永香穂(tobufune)
本文設計・DTP◎ホリウチミホ(nixinc)
編集協力◎千葉はるか(株式会社パンクロ)
取材協力◎村上利弘
校正◎内田 翔

序 章

「5ファクターメソッド」でメガテックを分析する

全体像の把握に最適なアプローチ

〝知っているようで知らない〟メガテックの全体像

本書の目的は、メガテック企業8社の戦略について知ること、そして8社を分類し適切な軸を置いて比較することにより、企業戦略やリーダーシップ、ミッションマネジメントについて学ぶことにあります。しかし、**メガテック企業について全体像を知り、適切な軸で比較するというのは、そう簡単ではありません。**当然のことながらどの企業も事業領域は幅広く、すべてを仔細に理解するのは困難ですし、新たにリリースされた製品やサービスばかり追っていても「実際のところは何で稼いでいる企業なのか」「どんなところに強みがあるのか」「今後の注力事業は何なのか」といったことは見えてきません。「どの会社も名前は知っている」「何をやっている会社なのか、なんとなくイメージは持っている」という人でも、「全体像を説明してほしい」といわれれば言葉に詰まるかもしれません。

また、メガテック各社の事業を見ていくと、その一部では非常に似た製品やサービスを展開していることがわかります。たとえば音声ＡＩアシスタントではアマゾンの「アマゾン・アレクサ」、グーグルの「グーグルアシスタント」、アップルの「シリ」、バイドゥの「デュアーＯＳ」、アリババの「アリＯＳ」というように各社が類似のコンセプトでサービスを展開してしのぎを削っています。これはクラウドサービスや決済サービスについても同様です。こうした類似サービスを持つ各社の位置づけや現在の状況はなかなか把握しきれるものではないでしょう。

一方、近年はメガテック企業の間で「ビッグデータ×AI」により自社サービスの先鋭化をはかる動きが顕著ですが、具体的にどのように「ビッグデータ×AI」の活用を進めているのか、その方向性には違いがあります。各社の取り組みについておぼろげに知っているという人でも、「なぜ違いが生じているのか」「各社の方向性をどう読み解くべきなのか」と問われれば、すぐには答えられないのではないでしょうか。

既存のフレームワークだけではメガテックは分析できない

通常、企業の戦略を分析する際にはさまざまなフレームワークが用いられます。皆さんも、ビジネスの現場でフレームワークを活用することが多いでしょう。たとえば「SWOT分析」では、「外部環境」「内部環境」という軸を置き、「強み」「弱み」「機会」「脅威」について考察しますし、企業を取り巻くマクロ環境を見たい場合は「政治」「経済」「社会」「技術」の4つについて洗い出す「PEST分析」を行ったりします。マーケティングについては「カスタマー（顧客）」「コンペティター（競合）」「カンパニー（自社）」を調査する「3C分析」がよく知られています。しかし**国家にも匹敵するような規模のメガテックについて理解しようとする場合、既存のフレームワークをいくつか活用する程度ではとても全体像を押さえることはできません**。そこで私は、国家レベルの企業を網羅的に分析することを目的としたメソッドを考案しました。それが、先に少し触れた「5ファクターメソッド」です。

「孫子の兵法」を戦略分析に応用する「5ファクターメソッド」

5ファクターメソッドは、中国の古典的な戦略論である「孫子の兵法」に基づいたものです。「そんなに古いものがメガテックの分析に役立つのか」と疑問に思われるかもしれませんが、「孫子の兵法」は今なお軍事戦略や企業戦略に活用されており、ビジネスの世界ではソフトバンクグループ会長の孫正義氏も影響を受けているといわれています。

孫子は**「一に曰く道、二に曰く天、三に曰く地、四に曰く将、五に曰く法なり」**と述べ、戦いをデザインするにあたってこの5項目が戦力の優劣を判定するカギであるとしています。この孫子の考え方は、現代の企業経営戦略にそのまま応用できるものです。そこで5ファクターメソッドではこの「五事」、つまり「道」「天」「地」「将」「法」を現代経営学の視点でアレンジしています。孫子のいう「道」「天」「地」「将」「法」を企業経営に置き換えるかたちで、1

つずつ見ていくことにしましょう。

「道」とは「企業としてどのようにあるべきか」というグランドデザインのことです。それを具体的に言語化した「ミッション」「ビジョン」「バリュー」「戦略」といったものを包括しています。このうち特に重要なのは企業の「ミッション（使命）」です。企業が何を使命としているのか、企業として自社の存在意義がどこにあると考えているのかを知ることは、企業のこれまでの歩みを分析したり今後の方向性を予測したりする上で欠かせないポイントといえます。また、ミッションが明確であるか、ミッションが製品やサービスに練り込まれているか、企業トップから従業員まで全員がミッションを果たすことを常に念頭に置いているかといった点をチェックすると、その企業の強みや弱みも見えてきます。

そして優れた組織は、戦略を支える「天」と「地」を備えています。

「天」とは、外部環境を踏まえた「タイミング戦略」のことです。中長期的な世の中の変化を競合に先んじて予測し、計画的に大きな目標を実現していくことが求められます。企業分析においては、「どれだけ時流に即してスピードをもって変化できるか」に注目したいところです。なお、一般的なフレームワークの中では、ＳＷＯＴ分析やＰＥＳＴ分析が外部環境の分析ツールとして活用可能です。

「地」とは、「地の利」を指しています。孫子は、戦地が自陣から遠いのか近いのか、広いのか狭いのか、山地なのか平地なのか、自軍の強みを活かせるのか活かせないのか、そういった環境に応じて戦い方を変えるべきだと述べています。つまり有利な環境を活かし、不利な環境をカバーする戦略です。企業分析においては、業界構造や競争優位性、立地戦略などの「地の利」を見極め、それに応じてどう戦っているのか、どのような事業領域でビジネスを展開しているのかに注目します。一般的なフレームワークの中では、3C分析のほか、経営学者マイケル・ポーターが提唱する業界構造分析の手法で「参入障壁、買い手の力、供給者の力、代替品の力、競合」について把握する「5フォース分析」などが活用可能です。

「将」と「法」は、戦略を実行に移す際の両輪です。経営学でいえば、それぞれが**「リーダーシップ」と「マネジメント」**の関係にあたります。どちらも人や組織を動かす手段である点は共通していますが、リーダーシップは「人対人」のコミュニケーションでモチベーションを上げて人や組織を動かしていくものであり、マネジメントは仕組みで人や組織を動かすものという違いがあります。リーダーシップについては企業トップがどのようなリーダーシップを発揮しているか、組織として期待されるリーダーシップがどのようなものかという観点で見ていきます。マネジメントについては、事業構造、収益構造、ビジネスモデルのほか、企業が構築しているプラットフォームやエコシステムなどを確認します。

図序-1
分析手法「5ファクターメソッド」

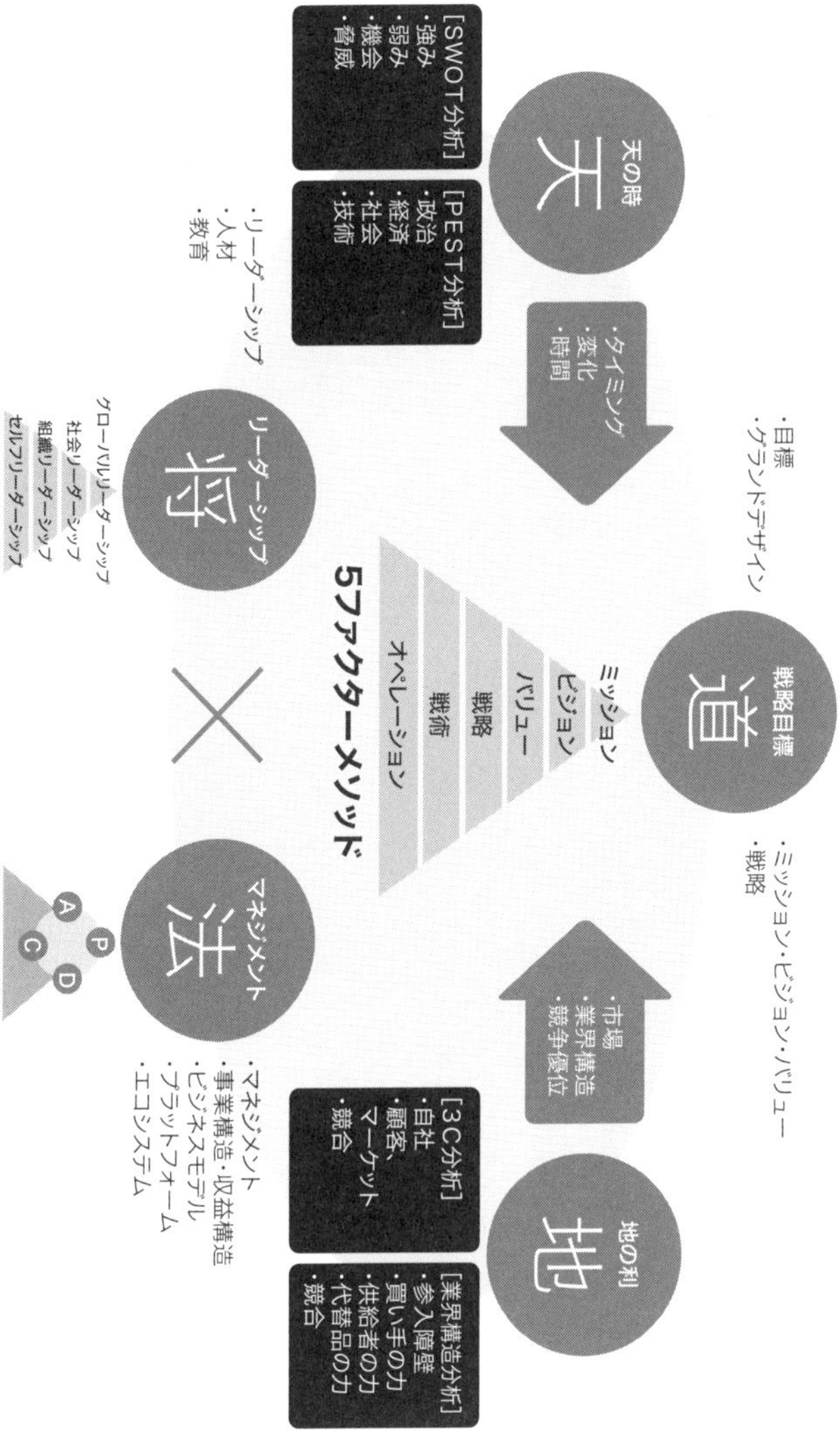

このように「道」「天」「地」「将」「法」という5つの要素で分析していくと、企業をさまざまな角度からマクロ・ミクロの両面でチェックすることができ、メガテックのように規模が大きく事業領域も広い企業であっても全体像と部分を把握しやすくなります。

なお、5ファクターメソッドを使ってメガテックを仔細に分析しレポートをまとめれば、1社だけでも書籍1冊分を超えるボリュームになります。実際に、アマゾンを対象に同メソッドを使って分析を行ったのが既刊『アマゾンが描く2022年の世界』（PHPビジネス新書）でした。

一方、本書では米中のメガテック8社をまとめて取り上げ、各社の大枠をつかんで重要なポイントを理解した上で、最新情報を交えて比較・分析することを主眼とするため、「道」については**もっとも重要な「ミッション」を、「天」については「道（ミッション）を実現するためのタイミング戦略」を、「地」については各社の「事業領域」を、「将」については「各社トップのリーダーシップ」を、「法」については「事業構造、収益構造」を主に取り上げて解説します。**

5ファクターメソッドによる仔細な分析結果については図序-1のフォーマットで1社ずつ図示しますので、参考にしていただければと思います。

では、いよいよ米中メガテック8社の分析を進めていきましょう。

第1章

amazon
アマゾン

×

Alibaba
アリババ

アマゾン経済圏とアリババ経済圏の戦い

本章の狙い

アマゾンの影響は非常に大きく、「アマゾン恐怖銘柄指数（デス・バイ・アマゾン）」の言葉に象徴されるように、ある産業や企業にとっては、顧客や利益を奪い、食い尽くす存在になっています。一方、中国のネット企業・阿里巴巴集団（アリババグループ）は、巨人アマゾンに対抗し、一部の事業領域ではアマゾンを凌駕しているのです。世界的に見ると、アマゾン経済圏とアリババ経済圏のぶつかり合いの図式ができているといえます。

アマゾンもアリババも、もはや単なるEC（Eコマース）企業ではありません。生活全般にわたる巨大プラットフォームを構築しており、日本の一企業や一財閥グループだけでは太刀打ちできないほどで、文字通りの巨人となっています。

アマゾンは北米からヨーロッパ、日本を攻略して、アジアで勝利できるかがその未来のカギを握っています。中国で圧倒的な地位にあるアリババにとっては、アジア展開のあと、日本とヨーロッパを攻略できるかどうかがアマゾンに打ち勝つためのカギといえるでしょう。

本章では、まずアマゾンとアリババについて事業構造と現状を解説します。その後、5ファクターメソッドを用いつつ両社の戦略を分析し、未来を展望していきます。

amazon

01 アマゾンの事業の実態は？

ECから「エブリシングカンパニー」へ

「アマゾンの本業は？」と聞かれたら、皆さんはどう答えますか。アパレルや生鮮食品など取り扱う品目は幅広く、「アマゾンはEC（Eコマース）の企業」というイメージを持っている人は多いかもしれません。

しかし、ご存じの方も多いでしょうが、アマゾンは今やただの小売企業ではありません。オンライン書店から創業したアマゾンは、家電やアパレル、生鮮食品などに取扱品目を拡大し、電子書籍や動画配信などのデジタルコンテンツも手がけ、「エブリシングストア」となりました。そして今では物流やクラウドコンピューティング、金融サービスなどへと**事業領域を拡大して「エブリシングカンパニー」へと変貌を遂げている**のです。

近年の注目サービスから見えてくるもの

「エブリシングカンパニー」とは何か、ということころをもう少し具体的に見ていきましょう。

アマゾンは日々、新たなサービスを発表しています。それらを一つひとつ追うことには面白さもありますが、アマゾンという企業の全体像をつかむためには、近年の注目サービスをざっくりと押さえてしまうほうがわかりやすいと思います。

そこで、最初にアマゾンのサービスについて知っておくべきものをピックアップし、具体的に紹介していきます（図1-1）。そこから、アマゾンがどんな企業なのかが見えてくるはずです。

■クラウドサービス「アマゾン・ウェブ・サービス（AWS）」

現在アマゾンの**売上高のおよそ1割を占める**のが、アマゾン・ウェブ・サービス（AWS）という名称で知られるクラウドコンピューティングサービスです。

AWSは、アマゾンが自社のために構築したITインフラをベースとしたものです。アマゾンは自社のITのノウハウを活用してAWSというウェブサービスを生み出し、2006年、

図 1-1
アマゾンの事業構造：ビジネスモデルのレイヤー構造

商品・サービス・コンテンツ	アパレル・ファッション　生鮮食料品　プライムビデオ　「スキル」 書籍・雑貨・家電・その他　デジタル配信　エンタメ　ホールフーズ プライム会員サービス
プラットフォーム	ECサイト　キンドル　アマゾン・エコー　アマゾン・マーケットプレイス
エコシステム	アマゾン・アレクサ　アマゾン・ゴー
金融	クレジットカード　アマゾン・レンディング　アマゾン・ペイ　フィンテック
ロジスティクス	FBA　ドローン
クラウドコンピューティング	AWS　AI

ほかの企業が幅広く使えるよう公開したのです。

ＡＷＳを利用する企業は、自社でシステムを構築するためにサーバーを用意したりメンテナンスしたりする必要がなくなり、セキュリティ対策も、自社で頭を悩ませずにすみます。使用したいサービスだけを必要な期間だけ使うことができるので、システムにかかるコストを抑えることもできるようになりました。

ＡＷＳのメリットはこれにとどまりません。アマゾンには「必要なモノがすべて手に入る」というサービスの基本理念がありますが、これと同様の考え方でＡＷＳを展開しているのです。当初はクラウドコンピューティングのイメージが強かったＡＷＳですが、コンピューティングやストレージ、ネットワーキング、データベースといった部分だけでなく、近年はデータの分析、ＩｏＴ（モノのインターネット）、ＡＩ（人工知能）など企業が必要とするさまざまなＩＴリソースを提供しています。膨大なデータを分析して新たな「知識」を得ることはもちろん、その「知識」をもとにＡＩによる「思考」を行わせることもできるわけですから、アマゾンは**「ビッグデータ×ＡＩ」のプラットフォームを世界に提供する企業**になっているといえます。

アマゾンのサイトによると、ＡＷＳは世界中で21の地理的に独立した地域「リージョン」と61の独立したデータセンター・ロケーション「アベイラビリティーゾーン」で運用されており、さらに４つの「リージョン」と12の「アベイラビリティーゾーン」が追加されることになっています。２０１９年３月時点で、たとえば、東京「リージョン」には４つの「アベイラビリティーゾーン」、シンガポール「リージョン」には３つの「アベイラビリティーゾーン」があるとされています。これらの数字から、ＡＷＳがいかに広範に提供されているかが見て取れます。

アマゾンが日本のサイトで国内のＡＷＳ採用事例として紹介する中には、三菱ＵＦＪ銀行やＡＮＡ、ディー・エヌ・エーといった錚々たる企業名が並んでいます。

■B to Cプラットフォーム「アマゾンマーケットプレイス」

アマゾンは小売企業であると同時に、「アマゾンマーケットプレイス」という出店サービスも提供しています。セラー（出品者）商品をアマゾンのサイト上に出品して販売できる仕組みです。さらにアマゾンは、セラー向けにＦＢＡ（フルフィルメント バイ アマゾン）という物流サービスも提供しています。セラーはアマゾンに在庫の保管から受注処理、発注業務までを代行してもらうことができ、「当日お急ぎ便」や「アマゾンプライム」など、アマゾンの配送サービスを顧客に提供できるのです。

なお、ここで付け加えておくと、アマゾンがユーザーのもとへ商品をスピーディに届けることにこだわり、**物流システムの構築に力を入れてきた**ことも押さえておきたいところです。アマゾンは自前で多くの物流センターを設け、既存の配達事業者を利用するだけでなく配送の一部を自社で担っています。生鮮食品を即時配達する「アマゾンフレッシュ」や、最短１時間で配達する「プライムナウ」といったサービスの展開を可能にしているのはこうした取り組みによるものです。

米国ではアマゾンで購入したものを受け取るための「アマゾンロッカー」の設置も進んでいます。Ｅコマースでは、顧客が在宅していないと配達商品がスムーズに受け取ってもらえないという課題がありますが、この**「ラストワンマイル」問題を解決**するための１つの方策としてアマゾンロッカーが広がりつつあるのです。

アマゾンではドローンを使った商品の配達も視野に入れて技術開発を進めています。今後もよりスピーディな配達を実現するために最新のテクノロジーを駆使した新たなサービスを展開していくことが予想されます。

■**無人レジコンビニ「アマゾン・ゴー」**

アマゾンは2018年1月、シアトルに無人レジのコンビニエンスストア「アマゾン・ゴー」の1号店を開店しました。アマゾン・ゴーでは、顧客はスマートフォン（スマホ）にアプリをダウンロードしてアマゾンのアカウントにサインインしておけば、入店して商品を手に取り、そのまま外に出るだけで買い物が完了します。商品代金はアマゾンのアカウントに請求されるので、レジに並んで支払いをする必要がないのです。

アマゾンはさまざまな形態で、Eコマースだけでなくリアル店舗展開にも進出しています。アマゾン・ゴーはそのうちの1つです。そしてそこでの買い物の体験は、旧来型のリアル店舗とはまったく異なるものになっています。AIやセンサーといった技術の活用によりこのような店舗を実現することで、アマゾンは**顧客に新たな体験を提供するだけでなく、リアル店舗での顧客の購買行動に関するデータも手に入れる**ことができます。

■**生鮮食品マーケット「ホールフーズ・マーケット」**

アマゾンは2017年8月、高級生鮮食料品マーケットを展開するホールフーズ・マーケットを買収しました。２０１７年9月時点で、ホールフーズは米国に４４８店舗、カナダに13店舗、英国に9店舗あり、特にアメリカではよく知られた高級スーパーです。

アマゾンは、なぜEコマースの対極にあるように思われるスーパーを買収したのでしょうか？　狙いは「ネットとリアルの融合」、そして「ラストワンマイル」、つまりは**顧客に商品を届ける拠点として活用する**ところにあると考えられます。

ホールフーズでは、アマゾンプライム会員が35ドル以上の買い物をした場合に2時間以内の無料デリバリーサービスを提供したり、オーガニック食品などホールフーズならではの商品をアマゾンフレッシュで購入可能にしたりしています。また、ホールフーズの店舗内にはアマゾンロッカーが設置されており、買い物のついでにアマゾンのサイトで買った商品を受け取れる仕組みにもなっています。ブランド力のある既存のリアル店舗網を手中に収めたことで、アマゾンのユーザーに対して、また便利で新しい買い物体験を提供できるようになっているというわけです。

アマゾンを多く利用するアマゾンプライム会員にとってホールフーズの利便性やお得感を高め、その逆も成り立たせることは、アマゾンプライム会員の満足度を高めるだけでなく**プライム会員拡大にも寄与**することでしょう。

ちなみに、私自身がシアトルで店舗を体験して驚いたのは、その場でつくって売っているイートイン食品の美味しさでした。普通のレストランを凌駕するピザの種類と味に少々食べ過ぎてしまったことを今でも記憶しています。

■音声認識AIアシスタント「アマゾン・アレクサ」

アマゾンは音声認識ＡＩアシスタント「アマゾン・アレクサ」を開発・提供しています。アレクサを搭載したスマートスピーカー「アマゾン・エコー」を自社で販売しているほか、サードパーティーのメーカーがアレクサ搭載製品をつくれるよう、**開発ツールも公開**しているのが注目すべきポイントです。アレクサ搭載機器の数は２０１９年１月時点において２万種を超えており、自動車やセキュリティ製品への搭載も進んでいます。

今後、アレクサはさまざまな商品やサービス、コンテンツを外部から取り込み、**1つの生態系（エコシステム）をつくり上げていく**ことでしょう。すでにスマートホームの領域から自動運転車「スマートカー」の領域まで、**「アレクサ経済圏」**とも呼べる産業構造が形成されつつあります。アマゾンと、商品・サービス・コンテンツを提供するさまざまな企業の間には、強い協調関係、相互依存関係が構築され、相乗的、自律的、連鎖的に拡大していくのではないかと思われます。

音声認識ＡＩアシスタントについては、グーグルが開発する「グーグルアシスタント」やバイドゥが開発する「デュアーOS」などもありますが、私はアレクサが頭ひとつ抜け出していると考えています。それはアマゾンが同アシスタントを中核に**商品・サービス・コンテンツを自社で一貫して提供**していること、顧客の経験価値がもっとも優れていると判断されることなどからです。

■決済サービス「アマゾン・ペイ」

アマゾンは「金融サービス」と呼べるものも手がけています。たとえば、アマゾンのアカウントに登録されたクレジットカード情報と住所情報を活用し、アマゾン以外のサイトに決済システムを提供しているのが「アマゾン・ペイ」です。アマゾン・ペイに対応しているサイトでは、顧客は自分の住所やクレジットカード情報を入力することなく簡単に購入手続きを済ませられます。

法人のセラー向けには、融資サービス「アマゾン・レンディング」も提供しています。マーケットプレイスに出品している法人に、その販売実績をもとに審査を行い、お金を貸すのです。つまりアマゾンは、**銀行のようにローンを扱っている**わけです。

「アマゾン・ギフト券」は、見方によっては預金のようにも見えます。これは残高をチャージするとアマゾンでのショッピングに利用できるというものですが、現金で残高を追加するとポイントが貯まり、1回のチャージ額が9万円以上なら通常会員で2・0%のポイントがつきます。まるで預金金利がつくかのようです。

「君の仕事は、いままでしてきた事業をぶちのめすことだ」

さて、こうして挙げていくとキリがなくなってしまうので、アマゾンの事業展開についてはこのくらいにしておきましょう。近年の一部の動きを追うだけでも、アマゾンがいかにイノベーションを起こしてきたのかということ、そして今もイノベーションを起こし続けているということが感じられたのではないかと思います。

イノベーションへの情熱は、創業者であるジェフ・ベゾスがあらゆる場面で言い続けてきたことです。これがアマゾンの競争優位性の1つになっていることは疑いようがありません。

多くの企業はイノベーションを起こしたいと願いながらそれが叶わずにいますし、ましてイノベーションを起こし続けることなどできません。これは、「イノベーションのジレンマ」があるからです。イノベーションのジレンマとは、ハーバード・ビジネス・スクールのクレイトン・クリステンセン教授が提唱した概念です。破壊的イノベーションを起こして新ビジネスを始めた会社が成長し、次なる破壊的イノベーションを起こそうとすると、通常は既存ビジネスとの間にカニバリゼーション（新旧サービス間の喰い合い）が生じます。そのため破壊的イノベーションが回避されるようになり、段階的なイノベーションにとどまらざるを得なくなるわけです。するとその企業は、別の破壊的イノベーションをもたらす会社に追いやられていくことになります。

ベゾスがこの「イノベーションのジレンマ」を意識していることは米国では広く知られています。アマゾンはすでに巨大企業になっていますが、それでもなお破壊的イノベーションを自ら起こす企業であり続けようとし、それに成功しているわけです。

このようなことが可能なのは、ベゾスが**既存ビジネスとのカニバリゼーションにも躊躇しないことが理由の1つでしょう。**

たとえば、キンドルがよい例です。アマゾンは書籍のネット通販から始まった会社ですから、電子書籍というのはそれとカニバリゼーションを起こす可能性がありました。しかしベゾスは、それまで書籍部門を任せていた幹部をデジタル部門に異動させた上で、「君の仕事は、いままでしてきた事業をぶちのめすことだ。物理的な本を売る人間、全員から職を奪うくらいのつもりで取り組んでほしい」と述べたそうです（『ジェフ・ベゾス 果てなき野望』ブラッド・ストーン／日経BP社）。

プラットフォーム構築で独占状態をつくり出す

イノベーションを起こすという観点では、アマゾンが早期にオープンイノベーションの考え方を取り入れ、プラットフォームの構築に成功していることにも注目したいところです。オープンイノベーションという言葉はさまざまな場面で使われ、その意味するところは1つではありませんが、ここでは「企業が自社の技術を囲い込むことなくオープンにし、外部に活用させることによってこれまでにない製品やサービスを生む」ことだと考えてください。

アマゾンはこのようなオープンイノベーションの考えに則り、**自社の高度なシステムを開放してAWSという新たなサービスを生み出しました。そして、AWSにより強固なプラットフォームビジネスを展開する**に至っています。

なお、この「プラットフォーム」という概念は、本書で取り上げる企業を理解する上で非常に重要なポイントです。ご存じの方も多いかもしれませんが、ここで復習しておきましょう。

プラットフォームビジネスの典型例として理解しやすいのは、マイクロソフトのウインドウズOSです。ウインドウズの登場により、パソコンメーカーがウインドウズOSを搭載したパソコンを売り、ソフトウエアメーカーはウインドウズOS上で動くソフトを売るのが当たり前になりました。するとウインドウズOSを使うユーザーが増え、ユーザーが増えればさらに多様なパソコンやソフトが供給されるようになり、ウインドウズの利便性が向上してさらにユーザーが増えるという循環が生まれたわけです。

このように、ユーザーが増えるほどその周辺で商品やサービスを提供する企業などが増え、さらに利便性が増していくことは**「ネットワーク外部性が働く」**と説明されたりします。

プラットフォームビジネスには、WTA（Winner takes all／一人勝ち）の状況をつくりやすいという特徴があります。**ひとたびプラットフォームを握ってしまえばその影響力はどんどん増していきやすく、独占状態や寡占状態が生まれる**ことも多いのです。だからこそ企業はプラットフォームビジネスを展開しようとしのぎを削っているわけです。

02 アマゾンの5ファクターは？

「道」「天」「地」「将」「法」で戦略分析

さて、アマゾンについて概略を押さえたところで同社の「道」「天」「地」「将」「法」を見てみましょう。図1－2をご覧ください。

■アマゾンの「道」

改めて確認しておくと、「道」とはミッション、ビジョン、バリューのことです。ミッションは存在意義や使命、ビジョンは会社の未来の姿、バリューはそれを実行に移す際の行動基準や価値観のようなものを指します。企業というものは、「何を大切にしているのか＝道」次第で、どのような事業領域でビジネスを展開していくかが定まっていくものです。

先に答えを申してしまうと、アマゾンは**「地球上で最も顧客第一主義の会社」**というミッ

図 1-2
5ファクターメソッドによる「アマゾンの大戦略」分析

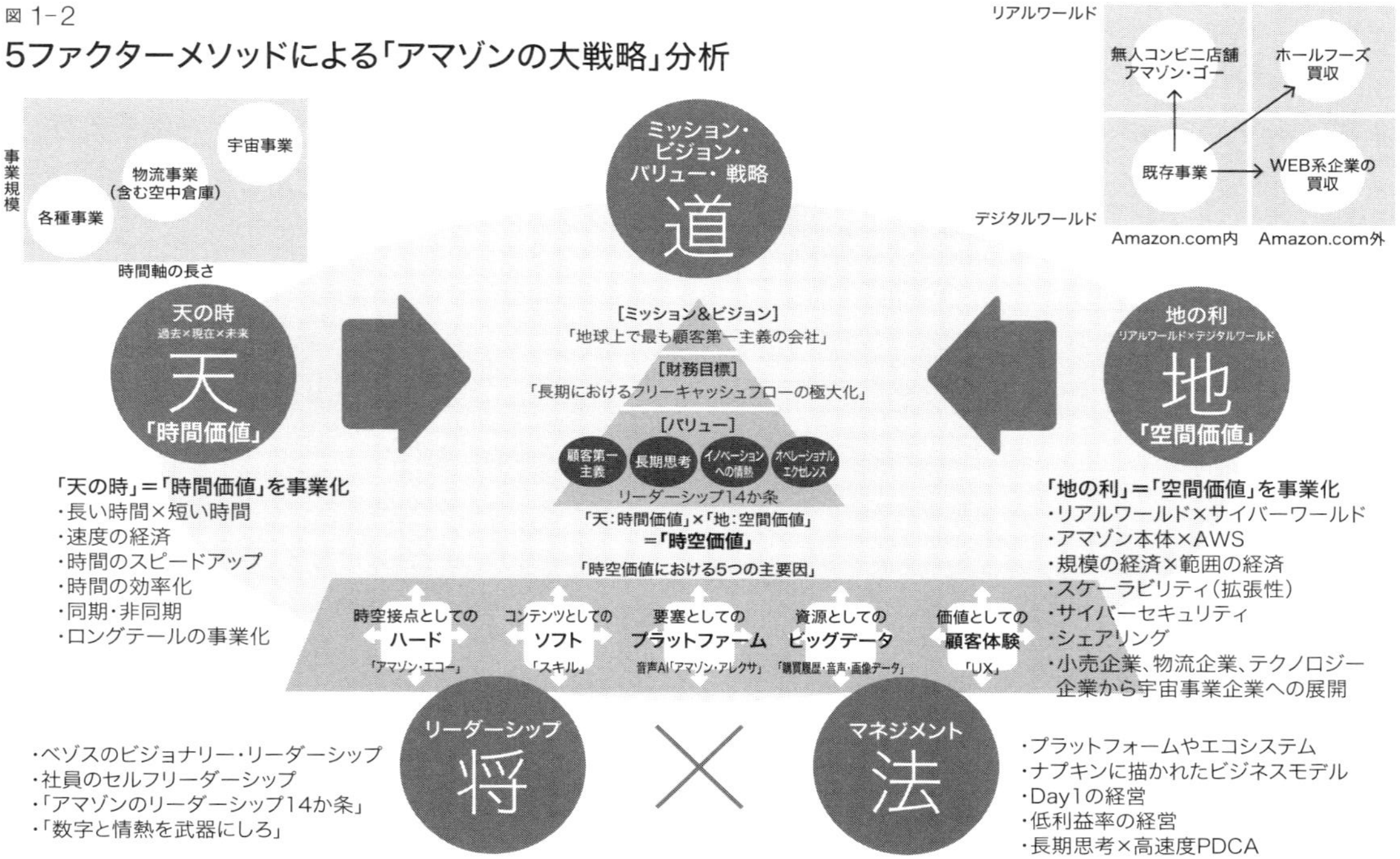

ション、ビジョンを掲げています。そして、それと表裏一体になっている「カスタマーエクスペリエンス（顧客の経験）の向上」が事業展開を解くカギになっているのです。

ミッションが使命、ビジョンが会社の未来の姿を描いたものだとするなら、バリューはそのための行動基準や会社が大切にしている価値観のようなものです。アマゾンでは「顧客第一主義」「超長期思考」「イノベーションへの情熱」などが挙げられています。

なお、詳しくは後述しますが、アマゾンのミッション・ビジョンである「顧客第一主義」はアマゾンを理解する上でもっとも重要なキーワードです。ただし、ここでいう**「顧客」はアマゾンで本を購入するような一般的な「消費者」に限らない**ことに留意してください。

アマゾンの場合は毎年アニュアルレポートで「顧客」を明確に定義しています。2017年のアニュアルレポートの中には、消費者、販売者、デベロッパー、企業・組織、コンテンツクリエイターの5つが顧客であると書かれています。

「消費者」はアマゾン本体のようなB to Cサービスにおける顧客のことであり、それ以外の4つ（販売者、デベロッパー、企業・組織、コンテンツクリエイター）はすべてB to Bサービスの顧客でしょう。販売者とはアマゾン本体に出店しているショップを、デベロッパーはAWSの顧客を、コンテンツクリエイターはアマゾンプライム・ビデオなどの動画配信に参画しているクリエイターを主に指していると考えられます。

■アマゾンの「天」

アマゾンの「天」は、「道」と関連しています。顧客第一主義を掲げるアマゾンは、カスタマーエクスペリエンスを向上させるテクノロジーの進化をビジネスの好機と捉えて、すべてビジネスにつなげていっているのです。

たとえば近年の目覚ましいＡＩの発達は、アマゾンのさまざまなサービスに活かされています。音声ＡＩアシスタント「アマゾン・アレクサ」を搭載したスマートスピーカー「アマゾン・エコー」は、ただ話しかけるだけで紐づけられた家電を操作したり買い物をしたりすることが可能です。

■アマゾンの「地」

アマゾンの「地」をひと言で述べるなら、「エブリシングストア」から「エブリシングカンパニー」への事業領域の拡大です。

ここまででご紹介したように、Ｅコマースから事業を開始したアマゾンも、今はアマゾン・ゴーやホールフーズのようなリアル店舗も展開しており「リアルワールド×サイバーワールド」を実現しています。また、Ｅコマースを支えるシステムを開放した「ＡＷＳ」はＢ to Ｂの高収益ビジネスに成長し、アマゾンがイノベーションを起こし続けるための積極的な投資を可能にしているのです。創業当初は小売企業と思われていたアマゾンは、今や物流企業でもあり、テクノロジー企業でもあります。今後は宇宙事業への展開も視野に入れています。新たな事業領域への展開速度は、どんどん上がっているように思われます。

■アマゾンの「将」

アマゾンの「将」においてもっとも重要なのは、創業経営者であるジェフ・ベゾスのビジョナリー・リーダーシップです。ビジョンの創造と実現を第一の要件とし、人がワクワクするような、自分もそこに参画してみたくなるような将来像を描いてメンバーに提示するのがベゾスのやり方であり、ベゾスという人物はそれによって従業員を惹きつけ、ビジョン実現に向けて動かすことができるのです。

【PHOTO1-1】アマゾンの創業者、ジェフ・ベゾス。
写真：ロイター＝共同

ベゾスの「地球で最も顧客第一主義の会社」というビジョンへのこだわりには並々ならぬものがありますが、先に見た通り「顧客」というものを明確に定義している一方、顧客に定義されない企業や人々は大切にしていないようにも見受けられます。

近年、注目を集めている**「アマゾン・エフェクト」**という言葉を聞いたことがあるでしょうか。アマゾンはエブリシングカンパニーへと事業領域を急拡大する中、さまざまな企業に大きな影響を及ぼすようになりました。玩具販売のトイザらスやスポーツ用品専門店のスポーツオーソリティの破綻、百貨店のメーシーズやJCペニーの大規模な店舗閉鎖、ショッピングセンターの空室率アップなどがアマゾン・エフェクトの具体的なケースとして挙げられます。

米国の投資情報会社ビスポーク・インベストメント・グループは2012年2月に「アマゾン恐怖銘柄指数（デス・バイ・アマゾン）」を設定しました。事業の収益源の大半をリアル店舗に依存しており、販売商品は他社のものが中心で、S&P1500株価指数またはS&P小売セレクト指数に採用される63社が構成銘柄になっています。これらの企業は、**アマゾンが事業領域を拡大し成長すればするほど、業績が悪化する**と見込まれているわけです。実際、2017年6月のアマゾンのホールフーズ買収の発表を受けて、「アマゾン恐怖銘柄指数」は設定以来の最大の下げ幅を記録しました（『デス・バイ・アマゾン』城田真琴／日本経済新聞出版社）。

アマゾンの脅威を目の当たりにすると、ベゾスには社会全体をよりよいものにするといった高い視点が不十分であると感じます。彼が主に見ているのはアマゾンの顧客に定義された企業や人々のようですが、その他の企業や人々がアマゾンによって「死に至る」ことになっているという事実にももっと目を向ける必要があるのではないでしょうか。

■アマゾンの「法」

アマゾンの「法」、つまりビジネスモデルと収益構造は、「プラットフォームやエコシステムの構築」という言葉で説明できます。

アマゾンのビジネスモデルは、「アマゾン本体×ＡＷＳ」を基盤としてＥＣサイトやアマゾン・エコーなどにより各種プラットフォームを構築するというものです。

収益構造を見ると、一般には小売企業というイメージが強いアマゾンの特殊性が見えてきます。アマゾンの営業利益率（営業利益を売上高で割ったもの）は２〜３％に過ぎません。営業利益率は本業でいかに効率よく稼げるかを示す数字ですが、一般に日本の上場Ｅコマース企業であれば10％以上が１つの目安となるでしょう。ちなみに、ゾゾタウンを運営するＺＯＺＯの営業利益率は30％を超える水準です。アマゾンの営業利益率はきわめて低いといってよいでしょう。

しかしＡＷＳ事業だけを見ると、様相が大きく変わります。近年、ＡＷＳ事業は売上高が大きく伸びており、２０１６年には対前年比プラス55％、２０１７年にはプラス42・９％となってアマゾン全体の売上高のおよそ１割を占めるまでに成長しています。そしてこの**AWS事業の2017年の営業利益率は24・8％。**急成長を続け主力事業に育っているＡＷＳが、**非常に効率よく稼げる**ものであることがおわかりいただけるでしょう。

なおアマゾンについては、短期的に利益を残すことを目指すのではなく、長期のキャッシュフローを重視し、稼ぎを事業拡大や低価格戦略に回して将来の企業価値を極大化することを目指していることが知られています。このような**「利益よりも成長を追う」戦略**は投資家からも評価されており、アマゾンの高い株価の根拠にもなっています。

ここまで、アマゾンがどのような事業を行っている企業なのか、そしてアマゾンの５ファクターを見てきました。全体のイメージを把握したところで、個別に押さえておきたい論点を見ていきます。

03 アマゾンの進化を読み解く3つのカギ

①顧客第一主義、②高度化するニーズへの対応、③大胆なビジョン×高速PDCA

私は大学教授として経営コンサルタントとして、その時々の世界最先端企業をウォッチし徹底的に分析しています。

なかでもアマゾンについては、長年にわたってベゾスの動画や発言をフォローし、同社サイトでプレスリリースのチェックも欠かしません。このように丁寧に情報を追い続けているからこそ見える、ベゾスとアマゾンの「進化のカギ」をここで3点、指摘していきます。

1つ目は「地球上で最も顧客第一主義の会社」というアマゾンのミッション・ビジョンと、それと表裏の関係にある同社のカスタマーエクスペリエンスへのこだわり。2つ目は、高度化する消費者ニーズへの徹底的な対応。3つ目は、「大胆なビジョン×高速PDCA」という考え方です。以下、順に説明します。

図1-3
ベゾスが描いたビジネスモデル

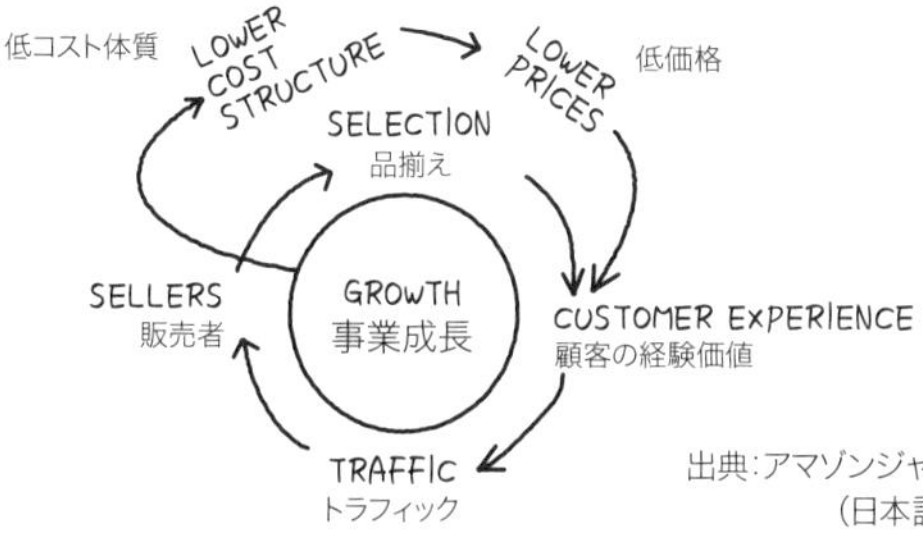

出典：アマゾンジャパンHPより
（日本語訳は筆者）

■カギ①――顧客第一主義

「地球上で最も顧客第一主義の会社」というアマゾンのミッション・ビジョンについて理解するには、ベゾスがアマゾンを創業するときに紙ナプキンに描いたビジネスモデルの図を見てみる必要があります。図１-３をご覧ください。

この図では、「セレクション（品揃え）」を増やして顧客の選択肢が増えれば顧客満足度が上がり、「カスタマーエクスペリエンス（顧客の経験価値）」が高まること、そして顧客の経験価値が高まると「トラフィック」が増え、アマゾンのサイトに人が集まること、すると「セラー（販売者）」がアマゾンのサイトでモノを売りたいと考えて集まってくること、それによって「品揃え」が増えて「顧客の経験価値」が上がるというサイクルが描かれています。

しかしこのサイクルだけでは「グロース（事業成長）」は成り立ちません。ここに「ローコストストラクチャー（低コスト体質）」と「ロープライス（低価格）」が必要だというのがベゾスの考えです。「顧客の経験価値」の1つ手前に、「低価格」と「品揃え」が置かれているところに、**「顧客は第一に低価格と品揃えを求める」**というベゾスの認識が示されています。そして「低価格」の1つ前に「低コスト体質」が置かれているのは、低コスト体質を構築することによって低価格な商品を継続的に提供できるからです。この図は非常に完成度が高く、またアマゾンが目指す世界をよく示していると感じます。

アマゾンが創業時に手がけていたのは書籍のネット通販ですが、創業前に描かれたこの図では「品揃え」の1つ前にすでに「販売者」が入っています。つまりベゾスは当初から、アマゾンが自社で商品を集めるだけに終わらず、**販売者を増やしてその力を借りながら品揃えを充実させていく**というイメージを持っていたことがわかります。

また、この図における「トラフィック」も、当初からアマゾンのサイトにアクセスする消費者だけを示したものではなかったのでしょう。現在のアマゾンの「トラフィック」は、アマゾンで買い物をする消費者のほかに出品するショップやAWSを利用する企業、アレクサを利用する開発者なども含めた**「アマゾンというエコシステム全体を巡る交通量」**を指すと考えられます。そしてこれからも、トラフィックは数だけでなくアマゾンのエコシステムの**多様性を高める方向で増加**していくに違いありません。

さらにいえば、ベゾスが最初にこの絵を描いたときから、アマゾンの全社的な経営戦略として「コストリーダーシップ」を目標とすることが確立していたこともうかがえます。

著名な経営学者であるマイケル・ポーター教授によれば、全社レベルでの戦略は３つしかありません。①コストリーダーシップ戦略、②差別化戦略、③集中戦略です。そして、集中戦略は「コストに集中する」か「差別化に集中する」かの２パターンに分けられます。

アマゾンの場合、低コスト体質の構築によりコストリーダーシップ戦略をとっているのは明確です。コストリーダーになった企業には「他の企業よりも低価格で商品やサービスを提供する」か「他の競合と同じ価格にして大きなマージンをとる」かという２つの選択肢が与えられますが、ここでアマゾンがとった戦略は前者です。

必要以上にはマージンをとらず、低コスト体質によってあげた利益は低価格という形で顧客に還元したり、プライム会員向けのテレビ番組など魅力的なアマゾンオリジナルのコンテンツを提供したりする――これが実は、差別化戦略にもなっていることにお気づきでしょうか。

つまりアマゾンという企業は、**コストリーダーシップ戦略と差別化戦略を両立**させており、それが強みになっていると考えられるのです。

■カギ②――高度化する消費者ニーズへの徹底的な対応

ベゾスは長年にわたり、消費者には３つの重要なニーズがあると言い続けています。それは

「低価格」「豊富な品揃え」「迅速な配達」です。そしてベゾスは「消費者が昔も今も将来も、これらのニーズを求めることは変わらない」とも述べています。

見逃せないのは、これら3つのニーズが時代と共に先鋭化してきているということです。消費者は、どんなにアマゾンがサービスを充実させても「もう十分に安くなった」「これ以上の品揃えは要らない」「商品の配達は今のままでいい」と満足することはありません。**人は、利便性が高まれば高まるほど、それまで感じていなかったはずの不便を感じ取るようになる**からです。たとえば、スマホで何でも手元で調べられるようになった今、少しでも通信が遅ければ人はストレスを感じます。あるいは電子マネーを使って一瞬で支払いが完結するようになったことにより、レジに並んでいて前の人が現金で払っているのを見ると、小銭を数えるのに少々時間がかかっている程度のことでイライラする人もいるはずです。

つまりアマゾンがどれだけ「低価格」「豊富な品揃え」「迅速な配達」について改善しても、消費者はニーズをさらに先鋭化させて「もっと低価格に」「もっと豊富な品揃えを」「もっと迅速な配達を」と望み続けるわけです。アマゾンはそれがわかっているからこそ、これまで消費者ニーズの先鋭化に先行して商品やサービスを進化させてきたのでしょう。そしてこれからも、その目指すところは変わらないはずです。

ベゾスが「消費者は決して満足することはない。そして自分は常に商品やサービスをもっと良くしよう、もっと良くしようということにこだわっている」と言い続けているのは、先鋭化する消費者ニーズに先回りして対応していくという強い意志の現れともいえます。

アマゾンがカスタマーエクスペリエンスについて強いこだわりを持っていることは先に述べましたが、「先鋭化する消費者ニーズ」と表裏の事象として、近年**「カスタマーエクスペリエンス」の概念そのものが進化**していることにも注目したいところです。

ベゾスの発言を丹念に追っていると、ベゾスの考えるカスタマーエクスペリエンスとは次の4点に整理できると考えられます。

1つは**「人が人間として持っている本能や欲望に応えること」**。これは、ベゾスがさまざまな場面で繰り返し述べていることであり、彼が常に人間の本能や欲望について考え続けていることがうかがえます。

2つ目は**「テクノロジーの進化により高度化する『問題』や『ストレス』を解決すること」**。これは先に説明した通りです。

そして3つ目は**「『察する』テクノロジー」**です。これはアマゾンのマーケティング戦略と深く関連しています。従来、マーケティングにおいては年齢や性別、職業、学歴、所得などの属性により顧客を分類し、ターゲットを設定するのが一般的でした。しかしユーザーに関するデータがこうした属性に限られていた時代はもう終わっています。紋切り型の分類は、きめが粗いと言わざるを得ません。

アマゾンはこの点でも先行しています。ユーザーが購入した商品やチェックした商品の履歴、検索のために入力した単語などのビッグデータをもとに、特定ユーザーの心理や行動パターンなどをＡＩで分析して、ユーザー一人ひとりの嗜好に合わせたリコメンデーションにつなげているのです。つまりアマゾンは「ビッグデータ×ＡＩ」によって、**リアルタイムでユーザーとの1対1のマーケティングを行っている**わけです。

アマゾンの「ビッグデータ×ＡＩ」は、さらに進化します。アマゾンの元チーフ・データサイエンティストでベゾスとも一緒に仕事をしていたアンドレアス・ワイガンドは、著書である『アマゾノミクス』（文藝春秋）の中で「０・１人規模でセグメントするアマゾン」と書いています。これは、ユーザー一人ひとりの刻一刻と変化するニーズを反映したマーケティングを意味します。アマゾンは今後、顧客分析をさらに先鋭化させ、「欲しいと思ったら目の前に商品が届いている」、あるいは**「欲しいと思う前に必要な商品が届いている」**といったサービスまで到達するかもしれません。それが、私が考える「察する」テクノロジーです。

４つ目は**「顧客に『〇〇取引をしている』と感じさせないこと」**です。アマゾンは、顧客に優れた利便性を提供するだけでなく、最近では顧客に「取引していることすら感じさせない快適さ」を提供するところまでサービスの水準を進化させてきています。

典型的な例が「アマゾン・ゴー」です。キャッチフレーズは、「ただ歩き去るだけ」。そしてこの言葉の通り、ユーザーは店に入って欲しいものを手に取り、出ていくだけでいいのです。このようなサービスでは、**ユーザーは「買い物している」ことや「決済している」ことすら感じなくなる**でしょう。そしてこのような快適さこそ、アマゾンが考えるカスタマーエクスペリエンスにとって必要なものであるはずです。

アマゾン・ゴーは人手不足対策や生産性向上という企業側の論理で分析されることも少なくありません。しかし、アマゾンはそのような意図よりも、むしろカスタマーエクスペリエンスを追い求めてアマゾン・ゴーを開発しているのではないかというのが私の見立てです。私自身がシアトルで店舗を体験した際にもそれを確信しました。そもそもアマゾンはクリックするだけでショッピングを完結させられる「ワンクリック注文」で１９９７年に特許を申請、後に取得しています。つまりベゾスは「支払っていることを感じさせない」というカスタマーエクスペリエンスに創業当初からこだわっていたわけです。

なお「顧客に『○○取引をしている』と感じさせないこと」は、従来のあからさまな取引と比べて快適であり、それは**取引量を増やす方向に作用**するでしょう。今後、テクノロジーを活用した「取引を感じさせない」というスピーディで快適なサービスには、アマゾン以外の企業も力を入れてくるのではないかと予想されます。

■カギ③――「大胆なビジョン×高速ＰＤＣＡ」

アマゾンの進化のカギとして最後にご紹介したいのが「大胆なビジョン×高速ＰＤＣＡ」です。ビジネスにおいて重要なのは、最初に「大胆なビジョンを立てる」ことです。そしてビジョンを打ち立てたならば、次に問題になるのは「それをどう実現するか」です。アマゾンでは、その実現方法として「高速なＰＤＣＡ」が徹底されています。つまり、大胆なビジョンから逆算して「今日は何をすべきなのか」を明確にし、高速のＰＤＣＡ（Plan＝計画、Do＝実行、Check＝評価、Action＝改善）サイクルを回して効率を高めながらビジョンに向かって邁進していくのです。

もともとウェブの世界では「何人の客がサイトを訪れたのか」「そのうち何人がボタンをクリックしたか」「そのうち何人が購入したのか」といったユーザーの行動を分析し、サイトのデザインや商品の配置を変えるといった「ＰＤＣＡの高速回転」が根づいています。アマゾンでは、**大胆なビジョンを「今日、何をするか」までブレイクダウン**した上でこの高速ＰＤＣＡを回すという「合わせ技」を使い、速く失敗して速く改善する経営、それによってイノベーションを何度も起こし急成長する経営を実現しているのです。

大胆なビジョンを立てるのと表裏一体なのが**「超長期思考」**です。これはベゾス自身がアマゾンのバリューとして口にしている言葉です。

これは考えてみれば当然のことです。「１カ月後に成し遂げられること」「５年後に成し遂げられること」「10年後に成し遂げられること」を考えると、当然、10年後に成し遂げられることがもっとも大胆なビジョンになりうるでしょう。つまりベゾスが「超長期思考」と述べているのは、**より長期で、大局的にビジョンを考えるべき**だということです。それが大胆で野心的なビジョンを打ち立てることにつながるからです。

大胆なビジョンの例としては、先述のアマゾン・ゴーの多店舗展開・海外展開はもちろん、ドローンや自動運転を使ったより迅速な配達が挙げられます。また、今後は５Ｇにより、かつてないほど高速で大容量の通信が可能になります。こうしたテクノロジーの進化はアマゾンにとって好機です。ＶＲ（バーチャル・リアリティ＝仮想現実）やＡＲ（オーグメンテッド・リアリティ＝拡張現実）の技術を活用し、リアル店舗に足を運ばなくても同様の買い物体験ができるようなサービスの提供といった大胆なビジョンも立てているのではないかと思います。

図１－４は「大胆なビジョン×高速ＰＤＣＡ」によるアマゾンの成長イメージです。

カギになるのは、ベゾスが口癖のようにいっているという**「スケーラビリティ」**という言葉です。アマゾンでは、事業プランをチェックするときはもちろん、社員のミーティングでもスケーラビリティという言葉が多用されると聞きます。

スケーラビリティとは「拡張性」のことです。目先の利益は大きくても成長の余地が限られ、

図 1-4
「大胆なビジョン×高速のPDCA」へのこだわり

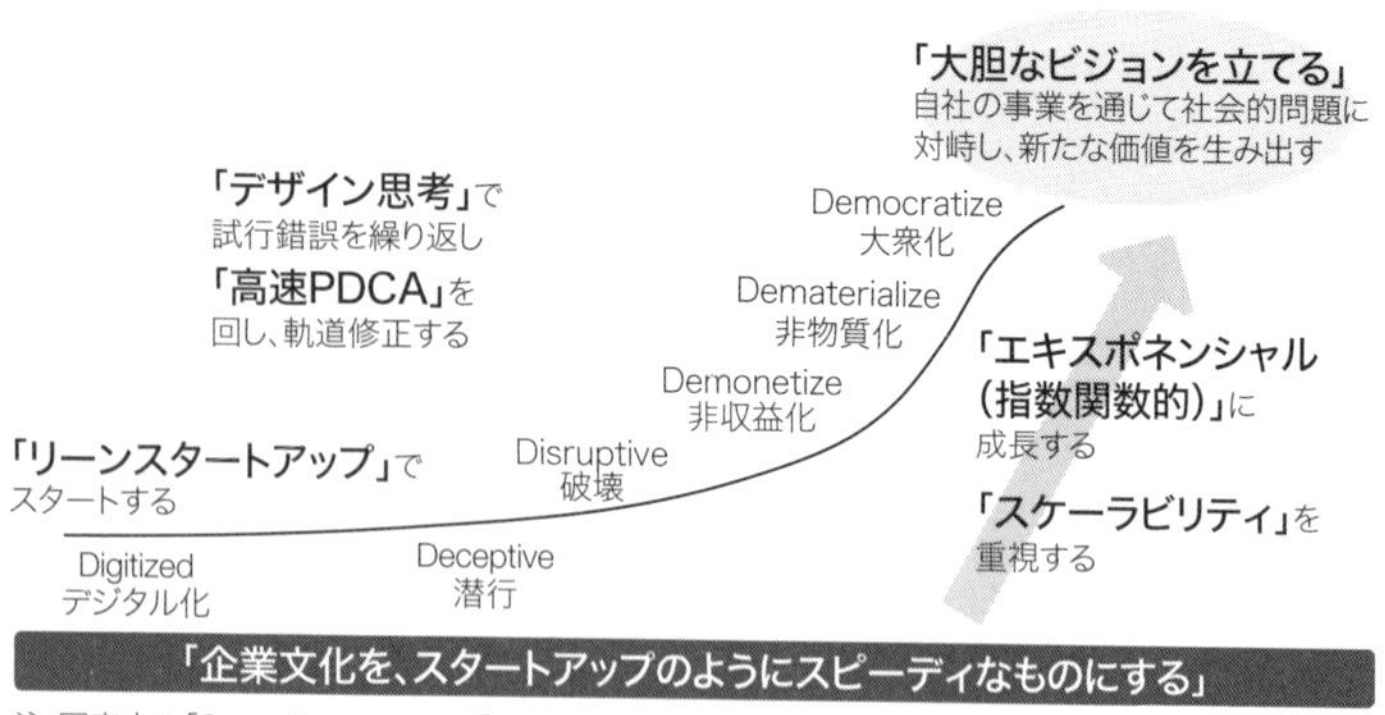
「大胆なビジョンを立てる」
自社の事業を通じて社会的問題に対峙し、新たな価値を生み出す
「デザイン思考」で試行錯誤を繰り返し
「高速PDCA」を回し、軌道修正する
「リーンスタートアップ」でスタートする
Democratize 大衆化
Dematerialize 非物質化
Demonetize 非収益化
Disruptive 破壊
Deceptive 潜行
Digitized デジタル化
「エキスポネンシャル（指数関数的）」に成長する
「スケーラビリティ」を重視する
「企業文化を、スタートアップのようにスピーディなものにする」

注:図表内の「6つのD」については『ボールド　突き抜ける力』（ピーター・H・ディアマンディス、スティーブン・コトラー／日経BP社）を参考に作成

すぐ天井にぶつかってしまうような事業はスケーラビリティがないといえます。

逆に、スタート時はごく小さな事業であっても、ひとたび軌道に乗ればエキスポネンシャル（指数関数的）に急成長する事業はスケーラビリティがあるということです。

アマゾンはすでに世界でも指折りの大企業に成長を遂げていますが、その中身はいまだにスタートアップ企業的です。新しい事業は、大胆なビジョンを立て、スケーラビリティを重視して決定します。そしてリーンスタートアップ（無駄のない起業）、つまり小さく効率よくスピーディに始めます。その上で高速ＰＤＣＡを回しながら事業を改善していくわけです。

デジタル化された事業は、潜行段階を経ると指数関数的に爆発的な拡大を見せうるという特徴が

【PHOTO1-2】2011年９月、ニューヨークでのキンドルの新製品発表におけるベゾス。キンドル・ブックスの売り上げ（右側のほぼ一直線のグラフ）が爆発的に拡大する様子が見て取れる。写真：AFP＝時事

あります。紙の本に対するキンドル・ブックスの成長速度のグラフは好例といえるでしょう（PHOTO１－２）。

アマゾンがスタートアップ企業的であるということを強く示すのは、これもベゾスが繰り返し口にしている「Day1」という言葉です。

「Day1」とは「創業日」や「初日」という意味で、ベゾスのオフィスがある建物はすべて「Day1」という名前がつけられているほか、アマゾンの公式ブログのメインタイトルも「The Amazon Blog : Day One」となっています。ベゾスがどれほど「Day1」にこだわりを持っているのかがうかがえます。

ベゾスは「Day1」という言葉と並べて「Day2」という言葉もよく使います。「Day2」とは、日本語でいえば「大企業病」という意味で

す。２０１７年のアマゾンのアニュアルレポートには、「Ｄａｙ２」からアマゾンを守る４つの法則として**「本物の顧客志向」『手続き化』への抵抗」「最新トレンドへの迅速な対応」「高速の意思決定システム」**が挙げられています。

ベゾスがこれほどまでに「今日がアマゾンにとって創業日だ」と言い続け、大企業病から逃れようとしているのは、スタートアップ企業的なＤＮＡが消えてしまえば破壊的イノベーションを継続し続けることはできないという強い危機感があるからでしょう。

04 「マーケティング4.0」とアマゾン

オンラインとオフラインの完全統合

マーケティングの神様と称されるフィリップ・コトラー教授は、「マーケティング４・０」という概念を提唱しています。「新しいタイプの顧客の特性は、マーケティングの未来がカスタマー・ジャーニー全体にわたってオンライン経験とオフライン経験のシームレスな融合になることを、はっきり示している」（『コトラーのマーケティング４・０』フィリップ・コトラー、ヘルマワン・カルタジャヤ、イワン・セティアワン／朝日新聞出版社）。

カスタマー・ジャーニーとは、顧客（カスタマー）が商品やサービスにつながるニーズを持ってから最終的な購入や利用に至るまでの過程（ジャーニー、旅程）をいいます。コトラーは、カスタマー・ジャーニーにおいて現代の消費者はオンラインとオフラインを自由自在に行き来できること、オンラインとオフラインの選択権は消費者が持っていること、そしてＥＣ（オンライン）とリアル店舗（オフライン）が融合する世界が到来することを示しているわけです。

オンラインとオフラインが融合した「マーケティング４・０」の時代は、アマゾンにおいてはすでに始まっています。皆さんがニューヨークで働いているとしましょう。本を買おうとするとき、すでに読みたい本が決まっているなら、アマゾンのＥＣサイトで買うことが多いでしょう。すぐに読みたいと思ったら、キンドル・ブックスで購入してスマホやタブレットで読むかもしれません。紙の書籍で買うか電子書籍で買うかは、消費者である皆さんに選択権があります。さらに、米国にはリアル店舗「アマゾン・ブックス」もあるので、店舗に足を運んで読みたい本を探し、そこで買うこともできます。

アマゾンで「マーケティング４・０」が実現しつつあるのは、「ビッグデータ×ＡＩ」を活用できるテクノロジー企業だからこそです。

図 1-5
「マーケティング4.0」の本質

「新しいタイプの顧客の特性は、マーケティングの未来がカスタマー・ジャーニー全体にわたってオンライン経験とオフライン経験のシームレスな融合になることを、はっきり示している」（『コトラーのマーケティング 4.0』）

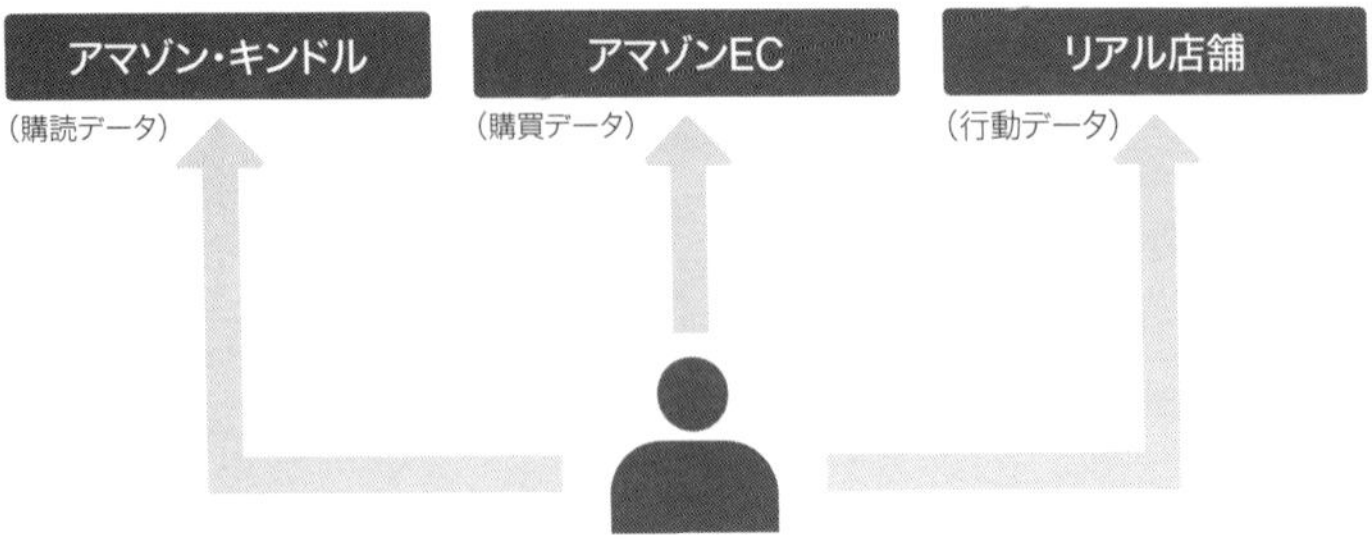

アマゾンのＥＣで本を買えばその購買データがアマゾンに残りますし、アマゾン・キンドルで電子書籍を購入すれば「実際にその本を読んだかどうか」「どこを読んだか」「どこにマーカーを引いたか」といったデータも収集可能です。また、アマゾンのリアル店舗に本を買いに行けば、そこでの顧客の行動もデータとして記録されるでしょう。私が実際に米国のアマゾン・ブックスで見て驚いたのは、「キンドルでもっともアンダーラインが引かれている本」というコーナーまであったことです。

つまり、アマゾンではオンライン経験とオフライン経験を継ぎ目なく消費者に提供しながら、同時にビッグデータを収集し、それらをＡＩで解析し、カスタマーエクスペリエンス向上につなげているわけです。

象徴的なのは、実際のアマゾン・ブックスでの書籍の陳列方法です。アマゾン・ブックスでは、表紙が見えるようすべての本が面展開されています。面展開してあれば、顧客にとっては見やすく、選びやすく、わかりやすいというメリットがあります。しかし一般の書店ではすべての本を面展開できません。店舗の面積、店頭在庫の制約が大きいからです。

アマゾン・ブックスがこれらの制約を受けずに面展開できるのは、まさに「ビッグデータ×ＡＩ」の力によります。アマゾンには、その地域で働く人々がどのような本を読むかというビッグデータがあり、**その店舗でどの本を面展開すれば効果的に売れるのかを解析する技術**があるのです。本を選んで買いたいという人には、そのようなデータ解析に基づいて面展開された書店は非常に快適でしょう。それに、もし探している本が店頭に在庫がない場合は、スマホを使ってその場でアマゾンに注文することもできるのです。

【PHOTO1-3】アマゾン・ブックスの店内。「ビッグデータ×AI」で客層に応じた適切な書籍が面展開でわかりやすく陳列されている。店頭在庫がない場合はスマホを使ってその場で注文可能。オンラインとオフラインの完全統合だ。筆者撮影（2019年１月）

なお、小売ＥＣ企業、テクノロジー企業、物流企業といった多面性を持つアマゾン

図 1-6
「検討×購入×受け取り」の3Dポジショニングマップ

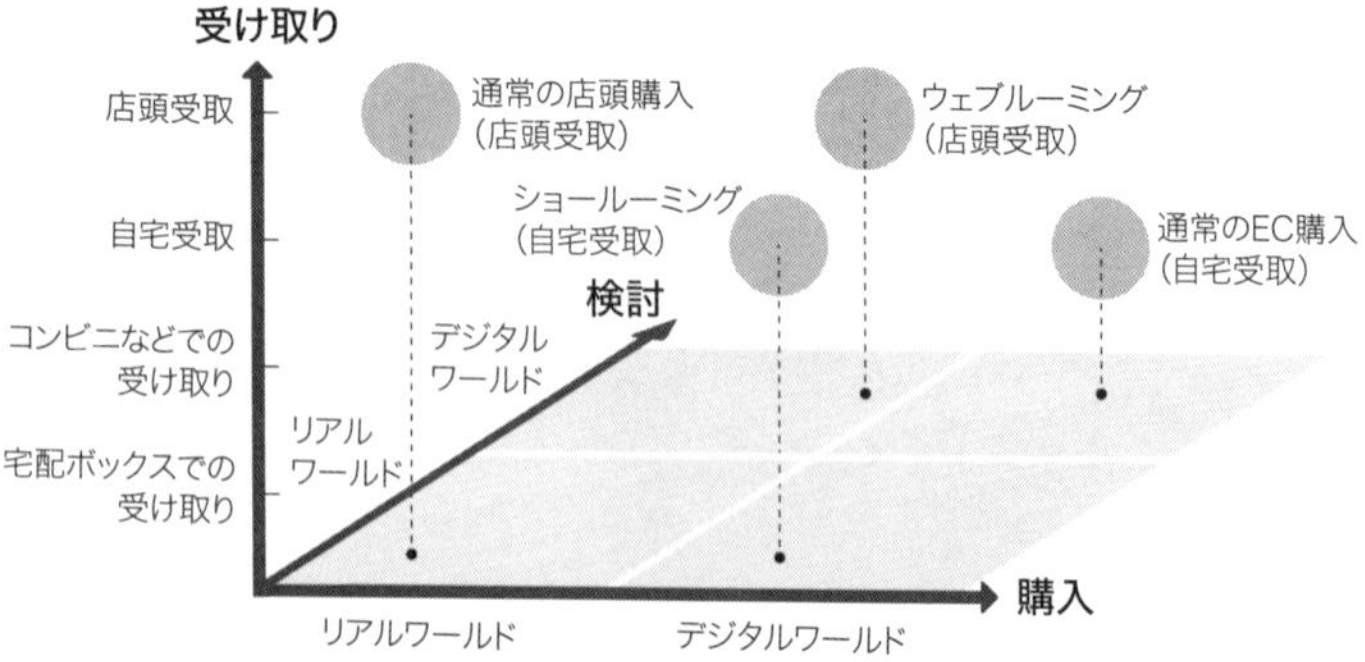

これからの顧客対応は「検討×購入×受け取り」の3Dポジショニングマップで考える必要がある

は、「商品やサービスを検討する」「商品やサービスを購入する」というそれぞれの場面でオンラインとオフラインの両方の選択肢を提示でき、さらに「商品やサービスを受け取る」場面では店頭受取、自宅受取、コンビニ等での受け取り、アマゾンロッカーでの受け取りといった選択肢を設け、それを拡充しようとしています。

「マーケティング4・0」時代の顧客対応は「検討・購入・受け取り」というそれぞれの場面において多様な選択肢を提示でき、それらをいかにストレスなくつなぐかがカギになるといえそうです（図1－6）。

Alibaba

05 アリババの事業の実態は？

中国の新たな社会インフラ企業

続いて、米国のアマゾンと対比される中国企業として阿里巴巴集団（アリババグループ）について見ていきましょう。

アリババと聞いて、皆さんはどんな会社だとイメージするでしょうか。日本ではアリババの存在感はまださほど大きいとはいえず、「中国の巨大なＥコマース企業」「アリペイの会社」と考える人が多いかもしれません。

しかし**アリババは単なるEコマースの会社ではありませんし、モバイル決済「アリペイ」だけで理解できる会社でもありません。**香港に住んだことがあり、そこから中国本土との間を行き来していた私がアリババをひと言で説明するよう求められたら、「中国の新たな社会インフラ企業」と表現します。

もちろんアリババの事業の柱となっているのがECサイトであることは間違いなく、企業間取引（B to B）の「アリババドットコム」、C to C取引プラットフォームの「淘宝網市場（タオバオマーケットプレイス）」、中国国内のB to C取引プラットフォーム「天猫（Tモール）」とその国際版「天猫国際（Tモールグローバル）」など複数の事業を展開しています。しかしアリババはこれだけにとどまらず、**物流事業やリアル店舗、クラウドコンピューティング、金融事業**などにも手を広げています。その発展のしかたは、アマゾンが書籍のネット販売からスタートしてエブリシングストアへ、そしてエブリシングカンパニーへと巨大化した過程を彷彿とさせます。

アリババの全体像をつかむのは容易ではありませんが、先につかんだアマゾンの全体像を念頭に、いくつかの象徴的なサービスについて押さえていくことで「アリババとはどんな企業なのか」も見えてくるでしょう。なお、同社では例年、「インベスターデイ」（投資家向け説明会）を開催し、そこで使用された膨大な資料を英文サイトでも公開しています。本書で扱う8社の中でもっとも情報公開が進んでいる企業とも評価できます。

それでは以下、具体的に紹介していきます。

■ECサイト「タオバオ」「Tモール」

アリババのＥＣサイト事業のイメージは、タオバオが日本でいえばヤフオク！やメルカリのようなもの、Ｔモールは楽天市場のようなものだと考えていただいていいでしょう。アマゾンは「自分で仕入れて自分で売る」直販型が主体ですが、アリババはマーケットプレイス型が主体であり、Ｔモールに出店する企業やタオバオを利用する個人などをサポートするビジネスモデルといえます。

２００３年に開設されたタオバオは、ビッグデータ分析によりユーザーごとに最適化されたショッピング体験を楽しめるというのがウリです。注目したいのは、タオバオがアマゾンに先行して新たなサービスを投入していることでしょう。たとえば、世界のＥＣサイトで注目度が高まっている**通販ライブ動画は、もともとアリババがタオバオで開始**したものです。

後発のＴモールとＴモールグローバルは、成長著しい中国のオンライン市場で今や最大のＥＣプラットフォームとなっています。アニュアルレポートによれば、２０１８年度のタオバオとＴモールの累計流通額（ＧＭＶ）は４兆８２００億人民元（約７１１０億米ドル、約78兆円）に達しており、これは**世界のＥコマース企業の中でも突出した数字**です。

■スーパーマーケット「フーマー」

アマゾンがホールフーズを買収したりアマゾン・ゴーをオープンしたりしてオンラインとオ

フラインの融合（ＯＭＯ、Online Merges Offline）を進めていることは先に触れましたが、実はリアル店舗の展開、ＯＭＯの推進という点ではアリババのほうが質量共に先行しています。

特に注目すべきは、アリババが展開するスーパーマーケット「盒馬鮮生（フーマーフレッシュ）」です（なお２０１９年1月30日付けの同社プレスリリースで、英語表記を「Hema」から「Freshippo」へ変更することを発表）。リアル店舗ですが、アリババの財務諸表の中ではＥＣ事業に位置づけられています。そのサービスを知れば、**なぜスーパーマーケットがＥＣとされるのか**が理解できます。

２０１６年に第１号店が開店したフーマーは、２０１８年7月末時点で中国国内に64店舗を展開しています。会員制のスーパーで、利用するにはスマホアプリでの会員登録が必要なのが特徴の１つです。つまりフーマーは、アプリを通じて来店履歴や商品の購入履歴などのデータを取得することができるわけです。

データの蓄積と解析により、フーマーは仕入れを最適化することができます。このため、常に新鮮な生鮮食品を扱うことが可能になっています。また、商品につけられたＱＲコードをスマホで読み取れば商品の流通経路などをすべて確認することもできます。テクノロジーを活用し徹底したトレーサビリティーに注力することで、消費者から高い支持を得ています。

支払いは、アリババグループのモバイル決済サービスであるアリペイを使うのが主流です。来店客は店頭にある決済用端末に向かってスマホのＱＲコードを読み込ませ、支払いを済ませるのです。

テクノロジーの活用はこれにとどまりません。フーマーは、スマホから商品を注文して宅配してもらうこともできます。店舗から３キロメートルまでの圏内なら、店頭にある商品は無料で30分以内に届けられるのです。

２０１８年9月にアリババが投資家向けに発表した「インベスターデイ」の資料によれば、開店から1年半経った7店舗の1店あたりの平均日販は日本円で約１３６０万円にのぼり、単純計算すると**1店舗で年間50億円近い売り上げ**となっています。そして驚くべきことに、そのうちの**約6割はオンライン経由**なのです。

もっとも、フーマーは企業全体としてはまだ赤字です。半径3キロメートル圏内への無料配達というサービスは当然、短期的には収益を圧迫します。

しかしアリババはそれを問題視はしていないようです。フーマーのビジネスについて、アリババ株式会社代表取締役社長ＣＥＯでアント フィナンシャル ジャパン代表執行役員ＣＥＯの香山誠氏は次のように語っています。ちなみに、アント・フィナンシャルはアリババ集団傘下の金融会社です。

「ビッグデータが手に入ればそれで良い。人々が日常的に買っているもののデータは、最後まで捉えにくいものです。それらのビッグデータを従来のものに足し込むと、更に精度の高い予測ができるため、有意義だと考えました」

「私たちは、中国第3位のデパートを完全買収し、中国のショッピングモール最大手にも出資しています。2兆円の売上げがある中国最大の生鮮食品スーパーも買収を進めています。正直、リアルの小売の時価総額は非常に安い。だから、データを集めるためにも買ってしまった方が早いのです。そうすることで、全く違う次元の小売を再構築できます。もはや、『持っているデータの価値＝会社の時価総額』なのです」（『企業家倶楽部』２０１８年10月号）

データの活用によりフーマーが在庫を持たずに運営できていることを考えれば、こうした戦略の有効性は非常に高いといえます。

フーマーは新たなカスタマーエクスペリエンスを提供するという観点で非常にユニークなサービスも提供しています。店頭で買った魚介類をその場で料理人に調理してもらい、店内で食べることができるのです。スーパー（グローサリー）とレストランを合わせたこのようなサービスは「グローサラント」と呼ばれ、フーマーでは「来店客が自ら『このカニがおいしそう』などと魚介類を手に取って鮮度や身の付き具合を吟味できること、街中のレストランでは高価で庶民は手が出しにくい魚介類を手ごろな価格で食べられることなどから市民の間で大人気」

になっているそうです（『日経コンピュータ』２０１８年7月19日号）。

■地域活性化事業「農村タオバオ」

広い国土を持つ中国では物流ネットワークが整備されていない地域も広く、従来はそのような地域に暮らす農民たちが質の高い製品やサービスを買うためには大都市に出向く必要がありました。また、そういった地域の農民の所得水準は低く、貧しい暮らしを強いられていました。

こうした国内問題を解決しつつあるのが、アリババの地域活性化事業「農村タオバオ」です。

農村タオバオとは、**ネット普及率の低い農村部で買い手と売り手の両方を対象にしたサービスを提供する拠点**で、２０１４年1月にスタート。アリババのサイトにアップされた２０１６年当時の資料によると、１万６５００の村（27省３３３郡）に農村タオバオの拠点があるとされています。

このサービスでは、買い手がスマホなどで商品を注文すると近所の農村タオバオで受け取ることができます。また、地域の農民は売り手にもなります。農村タオバオを拠点として、農作物など地元の特産品をネットを通じて全国に販売できるのです。つまり農村タオバオは「**Eコマースの配送拠点**」であり、「**地元のコンビニ**」なのです。最近では試着室まで設置されており、さらに利便性を増しています。

農村タオバオは地元の若者によって運営されています。地域にとっては雇用の受け皿にもなるわけです。このようなメリットがあることから地方自治体が農村タオバオに資金援助するケースもあり、農村タオバオによって100万人の雇用が創出されたとの報告もあります。農村タオバオは、**中国の地域活性化に欠くことのできないインフラ**になっています。

■物流サービス「ツァイニャオネットワーク」

物流はアマゾンの強みの1つで、自社で独自に物流ネットワークや倉庫を構築して事業展開を行っています。他方、アリババが構築しようとしているスマート物流ネットワークもまた巨大です。

アリババグループで物流事業を担うのは「菜鳥（ツァイニャオ）ネットワーク」という会社です。創業は2013年とまだ歴史は浅いのですが、そこに投じられている資金はとてつもない額です。富士通総研の金堅敏氏のレポートによれば、「投資額は、フェーズ1で1000億元、フェーズ2で2000億元を合わせて3000億元（約5兆円）に達すると見込まれ、5〜8年にかけて一日平均で300億元（年間で10兆元、約200兆円）のEC取引を支え、24時間配達可能な全国を張りめぐるスマートロジスティックネットワークを構築しようとしている」（研究レポート「中国のネットビジネス革新と課題」）といいます。

ツァイニャオの倉庫の様子は動画で視聴できるのですが、その映像からは、最先端のテクノロジーを投入しておりアマゾン以上にロボット化が進んでいることがうかがえます。敷地内では自動運転化が進んでおり、倉庫内ではロボットが無人運転で商品を運んだりもしているようです。

また、ツァイニャオは5万台以上の配達ロッカーも設置するなど、「いつでも配達可能、いつでも受取可能」な環境の整備にも力を入れています。

ツァイニャオのビジョンは大きく、**「中国の国内はどこでも24時間以内、世界中どこでも72時間以内に配達できる」物流ネットワークを構築する**としています。中国国外での物流網を構築するため、ツァイニャオは日本では日本通運と、米国では郵政公社と組むなど、国外の事業者との連携も進めています。

■モバイル決済「アリペイ」

金融事業においては、アリババがアマゾンを完全に凌駕しています。

先に触れた通り、アマゾンも決済サービスであるアマゾン・ペイや小規模事業者向けに運転資金を融資する「アマゾン・レンディング」などのサービスを提供していますが、私にはアマゾンがさほど金融事業に力を入れているようには見えません。

他方、**アリババはもはや「フィンテックの王者」**と呼ぶに値する地位を築いています。アリババはＥＣサイト事業や物流事業と金融事業を三位一体で伸ばしてきました。グループ企業であるアント・フィナンシャルが提供するモバイル決済サービス「アリペイ」は中国で浸透し切っており、大都市圏ではアリペイでなければ支払いできないショップも珍しくありません。もはや中国人の暮らしは、スマホ決済サービスがなければ成り立たないほどで、アリペイは世界最大級の決済サービスに育ちました。これは、アリババが中国の巨大テック企業から、中国13億人の生活を支える社会インフラのジャイアントへと脱皮を果たしたことを意味します。

アリババは、実質的な資金量もメガバンク並みです。２０１７年9月15日の「ウォール・ストリート・ジャーナル」は、アリババグループのマネー・マーケット・ファンド（ＭＭＦ）である**金融商品「余額宝」の預かり資産額が、わずか4年で世界最大**に膨れ上がり、約２１１０億ドルにまで増加したと報じています。これは、２位のＪＰモルガン・アセット・マネジメントが運用するＭＭＦの2倍以上に相当します。

このように預かり資産を増やせたのは、フィンテックにより、利用者がアリペイのスマホアプリで簡単に資金をＭＭＦに移動できるようになったからでしょう。アリペイのスマホアプリは直接的にアリババグループの銀行、証券、保険、投資信託などの金融サービスが使えるようにもなっていますし、アリババグループのＥＣ事業のサービスもアリペイのアプリから利用可能です。そのほか、公共サービスもアリペイのアプリから使えるようになっています。

このように、**人々の生活になくてはならない決済手段となったアリペイのアプリが、アリババグループのサービスなどへの入り口になっている**ところは見逃せません。ここは、アリババの非常に大きな強みになっており、また**アマゾンとの決定的な違い**でもあります。

なお、アリババはアリペイを介して蓄積した大量の購買データや決済データ、グループ内のビッグデータを活用し、個人の信用力を定量化・可視化する「芝麻信用（ジーマクレジット）」というサービスも生み出しています。

■アリババクラウド

クラウドコンピューティングサービスについては、現時点ではアマゾンのＡＷＳが世界ナンバーワンの座を占めています。他方、アリババはＡＷＳを目標に「アリババクラウド」を展開し、中国市場ではシェアナンバーワンです。日本でもソフトバンクとの合弁で「ＳＢクラウド」を設立し、国内でサービス提供も行っています。

「アリババクラウド」のポイントは、その上でアリババグループのさまざまなサービスが動いていることです。図１－７をご覧ください。

アリババクラウド上に決済サービスのアリペイや物流サービスのツァイニャオがあり、それ

図 1-7
アリババの主なグループ産業

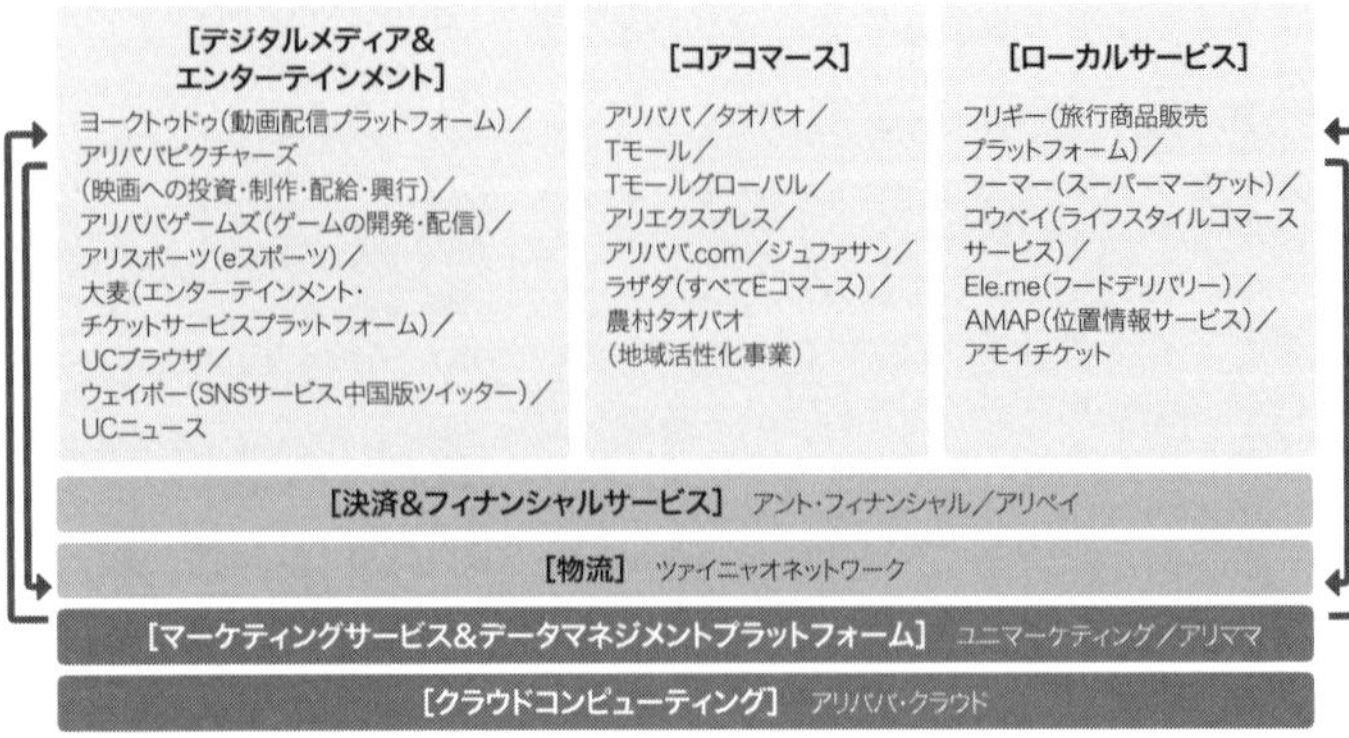

出典：アリババ社のHPなどを参考に筆者作成

らのプラットフォーム上に「コアコマース」と位置づけられるTモールやタオバオ、「ローカルサービス」に位置づけられるフーマーや、「デジタルメディア&エンターテインメント」に位置づけられる動画配信サービスのヨークなど、グループ事業のあらゆるサービスが展開されていることが見て取れるでしょう。

アリババクラウドは、AWSと同等レベルのインフラを持っています。アリババクラウドを利用する企業はデータストレージとしてはもちろん、AIアプリケーション開発やAIによるディープラーニングといった機能も利用可能です。すでに**AWSと遜色ないレベルのサービス提供が可能に**なっていると見ていいでしょう。アリババクラウドは、同社による分類で述べると、世界で19の「リージョン」（地理的に独立した地域分類）と、

56の「アベイラビリティーゾーン」（独立したデータセンター・ロケーション）で運用されており、広く提供されていることがうかがえます。

■自動車や都市をスマート化する「アリＯＳ」

アリババには、**アマゾンのアレクサに匹敵するオープンプラットフォーム**もあります。名前は「アリＯＳ」。２０１７年9月に発表されたものです。

技術的なコンセプトは、アレクサやグーグルの「アシスタント」とよく似ています。タブレットなどのモバイル機器やスピーカー、家電製品、自動車などにアリＯＳを搭載すると、その製品をスマート化できるのです。さまざまなモノをＩｏＴ化する基本ソフトだと考えていいでしょう。

アリＯＳの特徴は、オープンプラットフォームであることです。第三者の事業者はアリＯＳを使って独自のＩｏＴ製品、スマートデバイス、サービスを開発することもできます。このような戦略もアレクサやグーグルアシスタントと方向性は同じです。

アリＯＳは、たとえば上海にある中国の大手自動車メーカー上海汽車が開発中の自動運転電気自動車に搭載されています。このほか米国のフォードとも協業しており、中国向けのフォードの電気自動車にアリＯＳが使用されていますし、フランスのプジョーも中国現地法人が電気自動車を開発するにあたってアリＯＳを採用しているそうです。

また、中国政府が発表した「次世代人工知能の開放・革新プラットフォーム」（２０１７年11月）では、国策のＡＩ事業として、４つのテーマとその委託先が決められました。その中で**アリババが委託された国策事業が「都市のAI化」**です。自動運転に限らず、交通・水道・エネルギーといったインフラなど、都市に関するすべてを数値化し、ビッグデータを掘り起こし、それをもとにＡＩを利用して渋滞の解消、警察や救急対応、都市計画など社会にとって最適なソリューションを提供するというものです。このスマートシティの実現にも、アリＯＳが使われます。

なお、同社の杭州本社があるアリババパーク周辺は、アリババ本社、アリババ初のリアルで最先端型の商業施設や近未来型ＡＩホテル、アリババ社員の住居などから構成されていますが、すでにスマートシティの様相を呈しています。住居の屋上にはクリーンエネルギーを発電するための太陽光パネルがありました。私は、アリババパーク自体がリアルなプラットフォームやエコシステムを形成し、中国における近未来の都市デザインの象徴となる可能性を感じ取りました。

アリババは、ほかにも雄安新区政府とＡＩ、フィンテック、物流などの分野で協力していくことを発表していますし、公共交通プロジェクトでも上海地下鉄へのＡＩ技術の導入に向けて上海申通地鉄集団と提携しています。アリＯＳは広く深く、中国の社会に入り込んでいくことになりそうです。

■傘下に7社のユニコーン企業を有する

さて、ここまでアリババの注目事業について概略を見てきました。アリババがアマゾンにまったく引けを取らない企業であるだけでなく、いくつかの点においてはアマゾンをも上回る成果をあげていることがおわかりいただけたのではないかと思います。

アリババについては、グループ内に成長著しい企業をいくつも擁していることも注目すべきポイントです。

米国の調査会社CB Insightsによれば、高成長企業の象徴である「ユニコーン企業（創業10年以内、10億ドル以上の時価総額を持つ非上場企業）」は中国に47社あり、これは米国に次ぐ多さです（２０１７年５月時点）。そしてこのうち、アリババグループの企業が7社もあるのです。このことからも、アリババの急成長ぶりをうかがうことができるでしょう。

06 アリババの5ファクターは？

「道」「天」「地」「将」「法」で戦略分析

続いて、アマゾンと同様に5ファクターメソッドを使ってアリババを分析してみます。

■アリババの「道」

アリババを語るときに欠かせないのが、その背景にある社会的使命感の強さ、つまり5ファクターメソッドにおける「道」の素晴らしさです。

アリババは2018年9月の「インベスターデイ」（投資家向け説明会）では、自社のミッションについて「TO MAKE IT EASY TO DO BUSINESS ANYWHERE（場所を問わず、ビジネスを容易にする）」と掲げています。しかし創業経営者のジャック・マーは、折に触れて「2020年までにアリババの流通総額を1兆ドルにまで伸ばし、米国、中国、欧州、日本に

図1-8
5ファクターメソッドによる「アリババの大戦略」分析

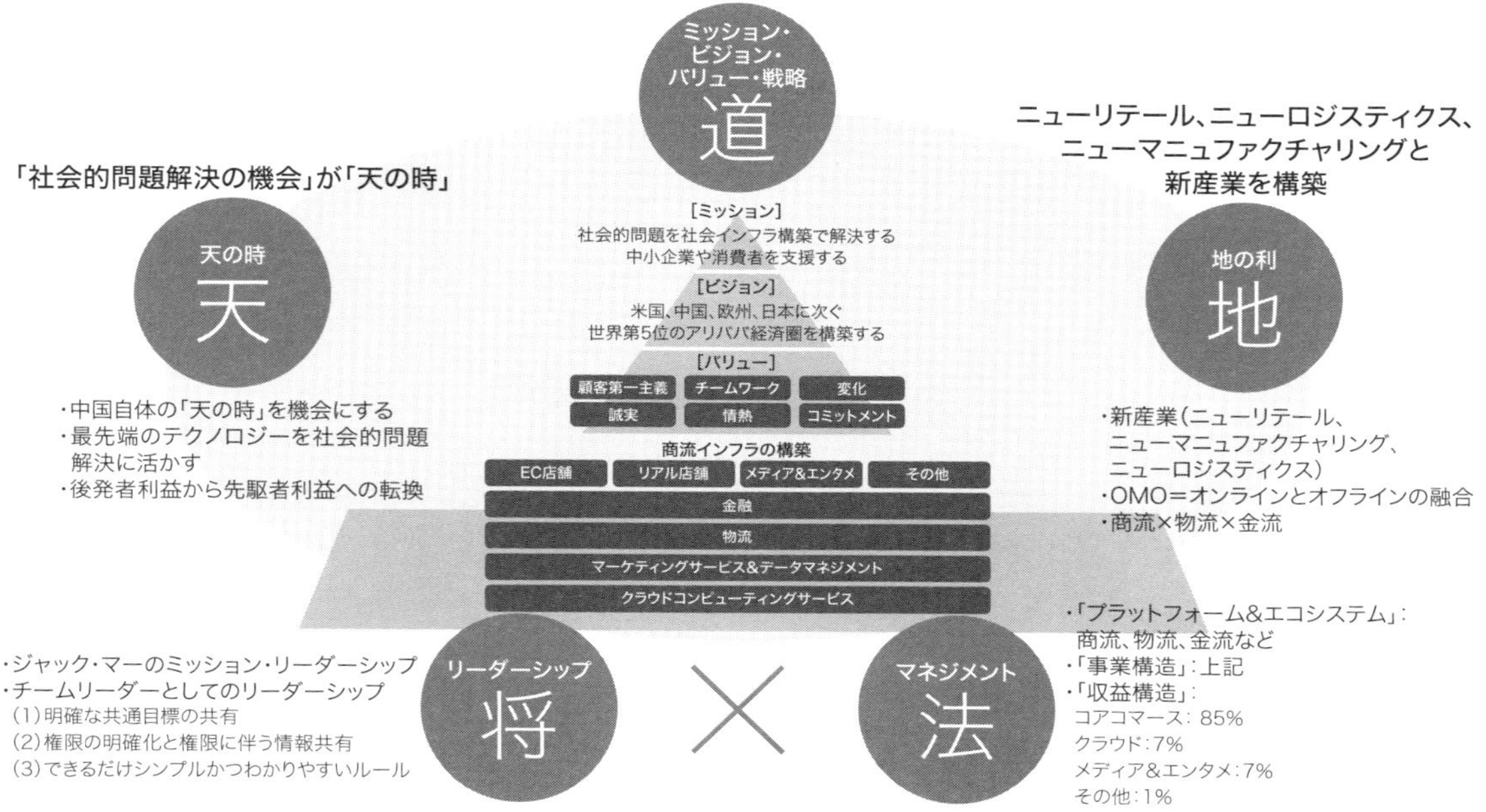

次ぐ世界第5位の経済プラットフォームを構築する」「2036年までに世界で1億人の雇用を創出し、20億人の消費者へサービスを提供し、1000万社の中小企業がアリババのプラットフォーム上でビジネスができるようにする」といった壮大なビジョンを掲げ、そのビジョンの先には**「社会的問題をインフラ構築で解決する」という大義**があると述べていました。

私は、「ビジネスを容易にする」というミッションはこれを平易に言い換えたものであって、アリババの真のミッションはやはり「社会問題の解決」にあるのだと考えています。

ジャック・マーはこれまで「中国のために」「世界をよりよい場所にするために」といった発言を繰り返し、そのほとんどを実行に移し、実現させてきました。

たとえばアリババが展開する複数のECサイトにしても、それは中小企業の事業支援インフラを構築するという使命に基づいたものです。つまりアリババが提供しているのは、社会問題を解決するためのECサイトであり、社会問題を解決するための物流サービスであり、社会問題を解決するための金融サービスなのです。

もともと中国は、金融や通信、電力、鉄道といった基幹産業を国営企業が担い、消費市場に近い産業やネットットなどの新規産業は民間中小企業が担うという「抓大放小」政策や、インターネットによってあらゆる産業を活性化する「インターネット+」、製造業の高度化を目指す「中国製造2025」などの政策を打ち出しています。アリババは「中国のために」これらをどの企業にも増して体現する、現代中国を象徴する存在だといえるでしょう。

■アリババの「天」

アリババの「天」は、「道」と密接につながっています。「社会的問題解決のための機会」がアリババにとっての「天」なのです。

１つの象徴的な事例は、アリババがＴモールなどのプラットフォームを活用して「パパママショップ」と呼ばれるような**家族経営の零細小売店のデジタル化**を手がけていることです。２０１７年から「天猫（Ｔモール）小店」として地方のパパママショップをデジタル化し、実質的にはフランチャイズ化を果たし、緩やかなグループを形成しているのです。

アリババ株式会社代表取締役社長ＣＥＯの香山誠氏は、中国では６００万店舗あるパパママショップで数百兆円が消費されており、約８億人の暮らしを支えていることを指摘した上で次のように語っています。

「アリババグループは沿岸部の５・５億人の消費データはほぼ完璧に把握していますが、小都市のパパママショップは全く開拓できていません。このデータを先取りして押さえたいとの戦略から、現在６００万店舗のデジタルコンビニエンス化を推進しています。この１年半で１００万店舗の完全デジタル武装化が終わりました」

「日本でも、170万店舗あったスーパーやコンビニが約100万店舗にまで減り、それも法人経営が大半となっています。昔はパパママショップが商店街や近所にありましたが、スーパーやコンビニによって淘汰され、今度はそのスーパーやコンビニすら、新しい破壊者であるECに攻められている。こうして、シニアの方々が生活するためのインフラは全て破壊されてしまいました」

「中国ではそうならないように、私たちが先にパパママショップをデジタル化してしまおうというわけです。アリババグループはそのエリアで何が売れていて何が必要とされているか把握しています。そこで、デジタルコンビニ（＝旧パパママショップ）に置くべき商品を中国国内の小都市に至るまでカバーする、メッシュのような物流網を1兆円投資して1から作り上げました」（『企業家倶楽部』2018年10月号）

パパママショップのデジタル化はアリババにとってビジネスチャンスですが、同時に中国の社会的問題解決を目的としていることもわかります。自力では時代の変化に追いついていけないパパママショップの経営者、そしてそのパパママショップを利用している地方都市の人々にとって、パパママショップの存続は重要です。アリババは、そういったパパママショップをサポートし中国経済全体をさらに飛躍させるビジネスを自社のミッションに基づいて行っているのではないかと考えます。

■**アリババの「地」**

アリババの「地」をひと言でいうなら、**「ニューリテール、ニューロジスティクス、ニューマニュファクチャリングの構築」**です。

アリババは２０１６年末、テクノロジーイベントで「ニューリテール（新小売）」というコンセプトを発表しました。ジャック・マーは、**今後10〜20年で従来のオンラインビジネスが消え、代わりにテクノロジーを駆使してオンラインとオフラインを融合（ＯＭＯ）したニューリテールが台頭する**と語ったのです。

アリババのニューリテール戦略を象徴するのが、先に紹介したフーマーです。そこではテクノロジーによりまったく新しいカスタマーエクスペリエンスが提供されており、高い支持を集めています。またパパママショップのデジタル化も、ニューリテール戦略の一環です。アリババは「リアルワールド×サイバーワールド」の掛け算を猛スピードで進めており、リアルワールドへの進出はアマゾンよりもはるかに先行しているといえます。

このニューリテールに加え、現在、アリババが掲げているのが「ニューロジスティクス」「ニューマニュファクチャリング」です。

ニューロジスティクスについては先に先端テクノロジーを活用したアリババの物流サービスを紹介しましたが、「ニューマニュファクチャリング」については２０１８年９月のテクノロジーイベントでジャック・マーが強調した新しいコンセプトですので、ここで説明します。

アリババは需要サイド、つまり消費に関する領域で「ニューリテール」を掲げたのに対応し、供給サイド、つまり製造に関する領域で「ニューマニュファクチャリング」を掲げました。ジャック・マーはこのコンセプトについて、「たとえば5分間で同じ種類の2000着の衣類を製造するよりも、5分間で2000種類の衣類を製造することがより重要視される時代がやってくる」と説明します。そして大量生産によるスケールメリットを活かしてコストを削減してきた伝統的製造業は今後15〜20年で苦境に立たされ、消費者の個性に対応した新しい製造業として「ニューマニュファクチャリング」が誕生するという見通しを語ったのです（『ダイヤモンド・チェーンストア』2018年11月1日号）。

個人のニーズに応じ、1点や2点でも製品をつくるということになれば、ニューマニュファクチャリングは製造業というよりもはやサービス業に近い概念です。そのようなことが可能なのかという驚きを感じますが、アリババが持つ膨大な消費者のビッグデータとそれを解析するAIがあれば、消費者のニーズを高い精度で把握して1点ものに近い製品を提供することも夢ではないでしょう。アマゾンがビッグデータ×AIで『察する』テクノロジー」を極めようとする一方で、アリババはやはりビッグデータ×AIにより**製造業のサービス業化を推進して**いくのだと考えられます。

■アリババの「将」

次に、アリババを創業した「将」、ジャック・マーのリーダーシップについて見ていきましょう。アマゾン創業者のベゾスのリーダーシップは、「将来こうなりたい」という大きな夢で人を鼓舞する「ビジョナリー・リーダーシップ」でした。一方、ジャック・マーのリーダーシップは「ミッション・リーダーシップ」であり、「中国は、世界はこうあるべきだ」という社会的なミッションを掲げて人を巻き込んでいくタイプのリーダーだといえます。

【PHOTO1-4】アリババグループの創業者、ジャック・マー。写真：新華社／共同通信イメージズ

私はジャック・マーの人物像を探るため、中国人留学生や中国人ビジネスパーソンにヒアリングを行ったことがあります。そこで浮かび上がってきたキーワードは「偉人」「英雄」「神様」「チャイニーズドリームの象徴」というものです。ジャック・マーは、現代の中国人が尊敬し、英雄視する対象なのです。

本書で取り上げる４つの中国企業、ＢＡＴＨ（バイドゥ、アリババ、テンセント、ファーウェイ）の中でも、経営者としての存在感はジャック・

マーが抜きん出ています。背景には、「中国のためにインフラを整備する」「よりよい世界にする」という一貫したジャック・マーの姿勢があり、多くの中国人はそこに惹きつけられているのです。

ジャック・マーに影響され、「自分も起業したい」「自分も中国のために働きたい」と考えるようになった中国の若手ビジネスパーソンの数は、私たちが想像もできないほど多いに違いありません。もちろん、「中国のためにインフラを整備する」というジャック・マーの言葉が絵空事ではなく、有言実行だからこそ、彼は尊敬され中国人の「神様」になっているということも忘れてはなりません。

■アリババの「法」

最後に、アリババのビジネスモデルと収益構造を確認しましょう。

ひと言で表現すれば、「社会的問題を社会インフラ構築で解決するため、多くのプラットフォームを構築する」のがアリババのビジネスモデルです。その上で強調しておきたいのは、**このビジネスモデルが主に中小企業支援のためのものだ**ということです。B to Bの「アリババ」、C to Cの「タオバオ」、B to Cの「Tモール」といったECサイトは、いずれも中小企業がそのプラットフォーム上でビジネスを展開できるよう設計されています。

図1-9-1
アリババの収益構造

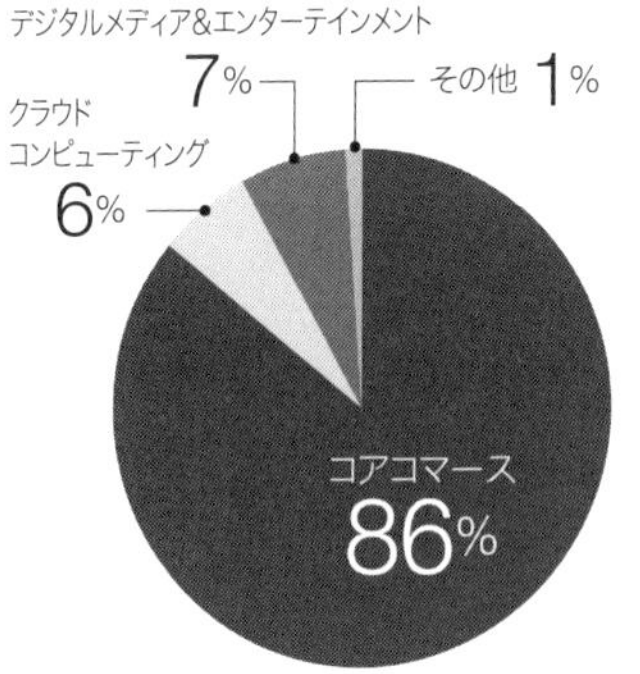

出典：アリババ 2018年6月期報告より筆者作図

図1-9-2
アリババの売上高営業利益率

コアコマース	47%
クラウドコンピューティング	▲10%
デジタルメディア&エンターテインメント	▲52%
その他	▲114%

出典：アリババ2018年6月期報告より筆者作図
注：「営業利益」はアリババの2018年6月期報告にしたがってEBITA（利払い前、税引き前、減価償却前利益）を使用

2018年4〜6月期決算のデータで収益構造を見ると、アリババはコアコマースと呼ぶ事業分野が売上高の86%を占めています。ここにはEコマースのほかフーマーなどのリアル店舗、物流サービスのツァイニャオなども含まれます。中国でクラウドサービスにおいてナンバーワンのシェアを持つアリババクラウドは、すでに売上高の6%を占めるまでに成長しています。このほかデジタルメディア&エンターテインメントが7%、その他1%という構成です。

アマゾンとの大きな違いが見て取れるのは、売上高営業利益率です（「営業利益」はアリババの2018年6月期報告にしたがってEBITA［利払い前、税引き前、減価償却前利益］を使用）。コアコマースではプラス47%と大きな収益を上げていますが、クラウドコンピューティング（アリバババ・クラウド）はマイナス10％、デジタルメディア＆エンターテインメントはマイナス52％、その他はマイナス114％となっています。

つまりアリババは**コアコマースで利益をあげ、その儲けをその他の事業に投資**しているわけです。たとえばデジタルメディア＆エンターテインメントでは、ネットフリックスやアマゾンプライムのように動画配信事業で自社コンテンツの制作にも着手しているため、先行投資がかさんでいるのではないかと考えられます。このような収益構造は、**アマゾンがAWSで大きく利益を稼ぎ、その他の領域の利益率の低さをカバーしていたのとは対照的**だといえます。

1つ付け加えると、アリババクラウドがクラウドサービスとしては後発でありまだ相当に投資が必要な段階であることを考えれば、営業利益率がマイナス10％というのは現時点では十分といっていい水準です。私は、これが早晩プラスに転じ、いずれアリババの業績を牽引することになると予想します。

ここまで、アリババがどのような事業を行っている企業なのか、そしてアリババの5ファクターを見てきました。全体のイメージを把握したところで、個別に押さえておきたい論点を見ていきましょう。

07 〝神様〟ジャック・マーの退任の意味

中国政府との蜜月の終わり？

中国の人々から〝神様〟とも称されるカリスマ経営者のジャック・マーですが、2018年9月、1年後の退任が発表されました。

報道によると、退任後は会長の座を現最高経営責任者（CEO）のダニエル・チャンに譲り、2020年の株主総会までは取締役にとどまり、経営幹部でつくる「アリババ・パートナーシップ」にはずっとかかわり続けるといいます。もとは教師であったジャック・マーは「教師というのはいつでも、生徒に自分を抜いてもらいたいと思っている。そのため、もっと若くて有能な人たちに幹部職を譲るのが、自分と会社にとって責任ある対応だ」と語り、教育の世界に戻りたいという意向を示しました（BBC「Alibaba's Jack Ma to step down in September 2019」）。

そしてこの退任発表から3カ月近く経った11月末、驚くべき事実が報道されました。中国共産党の党機関紙「人民日報」で中国の経済発展に貢献した100人のリストにジャック・マーの名が挙げられ、その紹介文には彼が共産党員であることが記載されていたのです。

私はかねて、ジャック・マーはミッション・リーダーシップの人であると述べてきました。それは彼の言葉の端々や実現してきた事業から、「中国のために」という強い思いを感じ取っていたからです。先に触れた通り、近年ではパパママショップへの支援事業や地方活性化事業なども手がけており、アマゾン創業経営者のベゾスのやり方が「デス・バイ・アマゾン」と称されるのとは対照的でした。

ですからジャック・マーが共産党員であったという事実を知ったとき、その強い思いの背景が腑に落ちたと感じました。彼の中には、自分が中国政府と一緒に中国の発展を担うのだという気概があったに違いありません。

そしてこのような背景から、アリババが中国政府から相当に手厚い保護を受けてきたことも間違

【PHOTO1-5】2019年9月、アリババグループのトップに就任予定のダニエル・チャンCEO。写真：FEATURECHINA／ニューズコム／共同通信イメージズ

いないでしょうし、それはアリババの成長力の源泉になっていたはずです。

ジャック・マーの退任の真意は誰にもわかりません。ただ、退任が発表されたとき、**政治的な事情**があるのではないかということは一部でささやかれていました。

中国ではアリババ、特にグループ企業アント・フィナンシャルが提供するアリペイの影響力が非常に大きくなっており、預金からアリババグループのMMFへの資金流出などが問題視されて中国の金融当局によるアリババへの規制強化の方向性も見えています。従来は中国政府と蜜月関係にあったジャック・マーですが、その関係性に亀裂が生じつつある中、相互の配慮からトップを退くことになったのではないかというのが1つの見立てでした。そのような憶測が飛び交っていたタイミングで突如、中国共産党はジャック・マーが共産党員であることを公にしたわけです。

この発表には、大きく2つの効果があるでしょう。

1つは、アリババのビジネスに打撃を与えることです。日本や欧米でアリババが事業を拡大しようという過程で、中国共産党と創業経営者の間に太いパイプがあるとなれば、それは障害となる可能性があるでしょう。ですからジャック・マー自身は、共産党員であることを発表されることは望んでいなかったはずです。これは裏を返せば、**中国政府とジャック・マーとの間に何らかの衝突があったことを示唆**しています。これはほぼ確実と私は考えます。

もう1つは、中国として米国と正面切って戦う覚悟を示すという効果です。ジャック・マーが共産党員であることをこのタイミングで公表した背景には、米中貿易戦争、さらには米中新冷戦もあるのでしょう。

いずれにしても、今回の一連の報道により、**アリババは中国リスクと表裏一体**になりました。米国で米国人のための商品・サービスを本格的に展開することは、当面、困難になるでしょう。また、中国政府による保護や支援も受けにくくなることが予想されます。

なお、日本のいわゆる「中国通」の間では、ジャック・マーが共産党員であったことについて、「中国で共産党員というのは驚くようなことではない」という指摘もありました。これは、海外での「驚きと失望」の受け止め方とはかなり異なった見解です。

中国が共産党一党独裁政権の国家であり、「共産党規約」（特に党員義務条項）に目を通すと、同党員が利益相反なしで民間事業を行うことが困難であることがわかります。そこから、この問題の所在と根深さが理解できるのではないかと私は考えています。

08 アリババが先行するＯＭＯを深く読み解く

アマゾン以上の先進性

先にも触れた通り、**リアル店舗についてのアリババの先進性はアマゾン以上**といえます。ジャック・マーが２０１６年に発表した「ニューリテール（新小売）」という概念、オンラインとオフラインの融合（ＯＭＯ）のシンボルともいえるのがフーマーです。

ざっとおさらいすると、フーマーでは顧客がリアル店舗で買い物をし、購入した食材をその場で調理してもらうといった楽しみがあるほか、オンラインで買い物をして無料で宅配してもらえるという利便性もあります。たとえば店頭で購入するものを決めた場合にも、すぐには要らないならフーマーのアプリでＱＲコードを読み取ってオンラインのカートに入れ、あとで届けてもらうこともできるわけです。まさにオンラインとオフラインの融合です。**オンラインとオフラインの情報が完全に同期**しているため、リアル店舗に並ぶ商品とフーマーのアプリ上に表示される商品は完全に一致します。

一方、アリババにとっては、匿名性の高い現金ではなくアリペイでの支払いに特化することで、詳細な購入情報が得られるというメリットがあります。

このフーマーのバリューチェーン構造と、アリババグループ事業のレイヤー構造をまとめたのが図1－10です。バリューチェーン構造というのは、商品が調達されてから店舗に入荷し、消費者が購入を検討し、実際に買われて手元に届いてからその後のアフターサービスまでの流れのことです。この図を読み解くと、アリババが先行するOMOにおいて起きていることをより深く理解できます。それは、ただの「新しい小売り」ではないのです。

■アリババの事業のレイヤー構造

まず、事業のレイヤー構造から丁寧に見ていきましょう。

アリババグループの事業を支えているのは、レイヤー構造の最底辺にあるクラウドコンピューティング「**アリババ・クラウド**」です。アリババグループのすべての事業は、アリババ・クラウドの上で動いています。

物流を担うのは「**ツァイニャオネットワーク**」。「中国内では24時間以内に必ず配達」「世界の物流会社とパートナーシップを組み、全世界どこでも72時間以内に必ず配達」というミッ

図 1-10
アリババにおけるニューリテールの先導役：フーマーでのバリューチェーン×レイヤー構造

バリューチェーン構造

バリューチェーンの要素	商品調達	商品入荷	顧客による検討	顧客による購入	決済	調理	配達	サービス
その内容や特徴	トレーサビリティー	当日入荷当日販売	スマホのアプリでチェック	オンラインオフラインで購入可能	基本的にアリペイで決済	調理も可能	3km×30分配達	CRM
ビッグデータ	生産者データ	商品データ入荷データ	検索データ	購買履歴	決済データ	嗜好データ	配送データ	顧客データ

レイヤー構造

食品デリバリー	盒馬鮮生（フーマーフレッシュ）及びEle.me
エンターテインメント	YOUKU（ヨーク）
マーケティング	阿里妈妈（アリママ）
個人信用情報	芝麻信用（ジーマクレジット）
ファイナンス	アリペイ
ブロックチェーン	アリババブロックチェーン
ロジスティクス	菜鳥網絡（ツァイニャオネットワーク）
クラウドコンピューティング	アリババ・クラウド

ションを掲げているグループ企業です。ＥＣ企業向けには、物流データの監視や異常が発生した物流案件の処理をし、即時に正確な物流の状況追跡サービスを提供しています。テクノロジーを駆使し、企業の物流情報管理や異常物流の管理に協力して、物流コスト削減や物流サービスレベル向上に寄与しています。フーマーの商品調達時の配送は、ツァイニャオの物流システムの知見が担保しています。

そしてフーマーが取り扱う生鮮食品の品質の担保には、トレーサビリティーに**「アリババブロックチェーン」**が使われています。フーマーの店頭では商品パッケージと値札にＱＲコードが添えられており、スマホのアプリで読み取ると詳しい情報を見ることができます。たとえば肉や野菜なら、産地、収穫日、加工日、店舗までの配送履歴がひと目でわかるのです。過去に多くの食品品質問題が起きた中国において、テクノロジーを活用した徹底的な情報開示は消費者の信頼獲得に大きく貢献しています。これほどのトレーサビリティーの実現は、世界でもあまり例がないかもしれません。

フーマーでの支払いはほとんどがアリペイです。アリペイを通じ、フーマーはオンラインだけでなくリアル店舗においても「どの顧客がいつ、どこで、何を買ったか」という詳細なデータを収集できます。そしてアリペイの利用歴などをもとに、個人に信用情報を付与するのが**「ジーマクレジット」**です。フーマーではこの情報が顧客の差別化に活用されていると考えられます。そしてフーマーのマーケティングを担うのは、グループ内のマーケティングテクノロジープラットフォーム「アリママ」です。フーマーに商品を提供している企業は、アリママを使って販促を行うことも可能なのです。

アリババのデジタルメディア&エンターテインメント事業の1つである「ヨーク」は、中国最大の動画配信プラットフォームです。フーマーのプロモーションにも、ヨークの動画が使われています。

食品のデリバリーに関しては、アリババが2018年4月に約1兆円で買収したフードデリバリー企業「Ele.me」の存在も気になります。フーマーにおける役割は現在のところ明確ではありませんが、Ele.meが中国で競争が激化している食品デリバリー事業の趨勢を占う上で重要なプレイヤーであることは間違いありません。2008年設立のEle.meは上海に本拠を置き、中国の2000都市でオペレーションを行い、130万軒のレストラン、2億6000万人のユーザーが登録しています。登録ドライバー数は300万人近くにも達するのです。2017年時点で、中国の食品デリバリー市場はアリババ、テンセント、バイドゥの3社が競っていましたが、Ele.meの買収により2018年末時点ではアリババグループが過半数のマーケットシェアをとっている状況です。

■フーマーのバリューチェーン構造

次にフーマーのバリューチェーン構造を見ていきましょう。フーマーのバリューチェーンは①商品調達、②商品の入荷、③顧客による検討、④顧客による購入、⑤決済、⑥店頭での調理、⑦配達、⑧購入後のアフターサービスという8つの要素に分けて考えることができます。

このバリューチェーンとフーマーの事業レイヤー構造を合わせると、フーマーが実現している**「新しい小売り」のビジネスの全貌**が見えてきます。

商品調達の段階では、アリババブロックチェーンによりすべての商品においてトレーサビリティーを確保し、生産者のデータを蓄積できます。

入荷する商品は、フーマーのオンライン注文とリアル店舗でのアリペイを使った決済データによりすべての購入データが収集されていますから、それぞれの店舗ごとにコントロールが可能です。フーマーが在庫を置く倉庫をいっさい持たず、「当日入荷、当日販売」を徹底できるのはこのためです。

顧客が商品を検討するときはスマホのアプリで商品情報を見ます。オンラインでは検索データが残りますから、これも顧客のニーズ分析に活用できます。

顧客が購入するときは、繰り返しになりますが、ほぼすべての購入データの取得が可能です。「誰が、いつ、何を」買ったかをすべて正確に記録・分析できるのですから、その意義は従来のＰＯＳデータとは比較になりません。

顧客が店頭での調理を希望すれば、フーマーはその嗜好データも取得しているはずです。こうしたデータはどのように商品を入荷すべきかをより精緻に予測するのに活用できているでしょう。

配達においては、店舗から３キロメートル以内なら30分以内で無料配達する配送網を構築しています。これも配送データの蓄積が可能ですから、今後アリババグループが「ラストワンマイル」の制覇という課題に対してより有効な打ち手を見出していくのに役立つのではないでしょうか。

これらすべての流れが実現しているのは、顧客一人ひとりとの関係性を継続的なものにする「カスタマー・リレーションシップ・マネジメント（ＣＲＭ）」です。

■デジタルトランスフォーメーションの実現

フーマーを分析すると、「デジタルトランスフォーメーション」という言葉の意味を具体的に理解することができます。デジタルトランスフォーメーションという言葉はさまざまに説明されますが、経済産業省は２０１８年９月に発表した「デジタルトランスフォーメーションレポート」において、「企業が外部エコシステム（顧客、市場）の破壊的な変化に対応しつつ、内部エコシステム（組織、文化、従業員）の変革を牽引しながら、第3のプラットフォーム（クラウド、モビリティ、ビッグデータ／アナリティクス、ソーシャル技術）を利用して、新しい製品やサービス、新しいビジネス・モデルを通して、ネットとリアルの両面での顧客エクスペリエンスの変革を図ることで価値を創出し、競争上の優位性を確立すること」というIT専門調査会社IDC Japanの定義を紹介しています。

フーマーについて知る前にこの文を読んで具体的なイメージがわくという人は少ないかもしれませんが、**フーマーが起こしているビジネスの変革をデジタルトランスフォーメーションの実践**と見れば、その意味を理解できるのではないでしょうか。

フーマーを「ニューリテール」「OMOスーパー」のひと言で片付けると、アリババが実現していることを過小評価してしまう可能性があります。おそらくアリババは、フーマーの領域である生鮮食品のみならず、アパレルや家電などの商品に関してもより強力なデジタルトランスフォーメーションを起こしていくことでしょう。

私は、アリババ杭州本社隣の商業施設地下1階にある最新鋭フーマーを訪れ、ニューリテールだけではなくスマートシティ構想全体に占めるフーマーの戦略的な重要性を感じ、脅威を覚えました。シティ全体と強力なコンテンツ部分の両者をデジタルシフトするのがアリババのやり方なのです。

第2章

Apple
アップル

×

HUAWEI
ファーウェイ

プラットフォーマーと
ハードウエアメーカー。
「ショック」をどう越えるか

本章の狙い

第2章では、スマートフォン（スマホ）「メーカー」として米中で大きな存在感を持つアップルと華為技術（ファーウェイ）を取り上げます。スマホ開発も含めた「ものづくり」からスタートした両社ではありますが、その後の事業展開、目指すところには大きな違いがあります。ひと言でいえば、プラットフォーマーかハードウエアメーカーかということです。

アップルはｉＰｈｏｎｅという端末だけでなくｉＯＳを押さえ、世界中のアプリ開発者がアプリを提供・販売するためのプラットフォームを構築しています。一方、ファーウェイは一貫して「世界最先端のテクノロジーを誇るハードウエアメーカー」の道を歩んでいるのです。

両社の実態と戦略、そして２０１８年から２０１９年にかけてそれぞれ大きなショックに襲われた両社――アップルは業績の下方修正で株価下落、ファーウェイは副会長逮捕に端を発する世界同時株安――が今後どうなるのか。最新事情と共に分析していきます。

Apple

01 アップルの事業の実態は？

ものづくり＋プラットフォームの構築者

アップルについては、明確な企業イメージを持っている人も多いと思います。ｉＰｈｏｎｅやｉＰａｄ、Ｍａｃなど、高いデザイン性を持つ製品群には根強いファンがおり、アップルが新モデルを発表するイベントはいつも世界から高い注目を集めてメディアで大々的に取り上げられますし、ｉＰｈｏｎｅやノートＰＣのマックブック、音楽ストリーミングサービス「アップルミュージック」のユーザーだという読者の方もたくさんいることでしょう。

しかし、アップルが企業としてどのような戦略をとっているのか、改めて聞かれると説明に窮することもあるかもしれません。ここで同社の全体像を整理しておきます。

■世界で初めて時価総額1兆ドル超え

現在、スマホは世界の人々の生活に深く入り込み、スマホなしで暮らすことなど考えられないほどに普及しています。そのスマホの中でもひときわ高い存在感を示しているのが、世界で年間2億台も販売されているアップルのｉＰｈｏｎｅです。

ｉＰｈｏｎｅは２００７年の発売からアップルの業績を牽引し、同社は２０１８年８月には世界の企業の中で初めて時価総額が１兆ドルを超えました。２００７年当時と比べると株価は実に12倍にもなり、アップルは株式市場においてその企業価値をそれまでもっとも高く評価された企業になったわけです。

かつてアップルの社名は「アップルコンピュータ」でした。その名の通り、当時はマッキントッシュ（Ｍａｃ）というコンピューターのメーカーだったのです。今でこそラインナップを大きく拡充していますが、**「ものづくりの会社」であることは一貫して**変わっていません。

２００１年にハードディスクを搭載した携帯音楽プレイヤーｉＰｏｄを、２００７年にはｉＰｈｏｎｅを、２０１０年にはタブレット端末ｉＰａｄを発売。そしてそれぞれの時代において、アップルの製品は携帯音楽プレイヤー市場やスマホ市場、タブレット端末市場を牽引してきました。

アップルが常に市場をリードしてくることができたのは、アップルが販売していたのがただの端末ではなく、その端末を通じて新たなデジタルライフスタイルを提案してきたからでしょう。たとえばiPodの場合、アップルは使い勝手のいい携帯音楽プレイヤーを販売しただけではありません。無料でiTunesという管理ソフトを提供し、さらにiTunesを通じて音楽データ配信サービスを提供しました。つまり「聞きたいときに聞きたい楽曲を買い、それをいつでもどこでも聞ける」という、当時としては画期的なデジタルライフスタイルを提案したわけです。音楽市場に破壊的イノベーションを起こしたといえるでしょう。

このようなアップルの提案は、同社の製品に貫かれるデザインへのこだわりや同社が最重要視してきたユーザーエクスペリエンス（ユーザーの経験価値）を背景として、熱狂的なアップルファンを生み出してきました。

アップルをほかの端末メーカーと同列に語ることができないのは、このような同社の姿勢に対して高いブランド価値が認められていることが大きいといえます。

■iPhoneで二重に稼ぐ

高いブランド価値を持つiPhoneは、ほかのメーカーのスマホと比べて利益率が非常に高いのが特徴です。iPhone以外のスマホが価格競争に走らざるを得ない中、アップルは十分に利益が出る価格でiPhoneを売ることができるからです。

世界のスマホ市場の出荷台数を見ると、２０１７年４〜６月期のトップは韓国のサムスンで約７９８０万台です。アップルは約４１００万台ですから、サムスンの約半分に過ぎません。しかし、アップルがｉＰｈｏｎｅの販売で得た利益は、業界全体の利益の実に91％を占めます。つまり、**世界のスマホ市場の利益はアップルが独り占め**している状況なのです（『ＩＴビッグ４の描く未来』小久保重信／日経ＢＰ社）。

もう１つ、ｉＰｈｏｎｅがほかのスマホと異なるのは、**ｉＯＳを搭載**していることです。

他社のスマホは、ほとんどがグーグルのスマホ向けＯＳであるアンドロイドを搭載しています。アンドロイドスマホの多くのユーザーは、グーグルが運営するアプリストア「Ｇｏｏｇｌｅ Ｐｌａｙ」でアンドロイド向けのアプリをダウンロードしてスマホの機能を使い、音楽やゲームなどのコンテンツを楽しむわけです。つまりアンドロイドスマホのプラットフォーマーはグーグルなのです。

その点、アップルはｉＰｈｏｎｅという端末だけでなくｉＯＳも押さえており、ｉＰｈｏｎｅユーザーはアップルが運営する「アップストア」でアプリをダウンロードします。つまり、アップルはただのスマホメーカーではなく、**世界中のアプリ開発者がアプリを提供・販売するためのプラットフォームを構築**しているわけです。

ｉＰｈｏｎｅやｉＰａｄ向けのアプリを有料で販売する場合、アプリ開発者はアップルに販売額の3割を手数料として支払う必要があります。「端末を売って終わり」のスマホメーカーとはビジネスモデルがまったく異なるといえます。

アップストアや音楽ストリーミングサービス「アップルミュージック」などによる音楽配信といったアップルのサービス部門の売上高は、2016年9月期には243億ドルでしたが、2018年9月期には371億ドルまで増加しています。

スマホの普及が進み、買い替えサイクルが長期化する中でiPhoneの販売も勢いに陰りが見られますが、そのような市場環境を見据え、アップルは今後より一層のサービス部門の拡大を目指しています。

02 アップルの5ファクターは

「道」「天」「地」「将」「法」で戦略分析

アップルについて全体像を押さえたところで、同社の「道」「天」「地」「将」「法」を見てみましょう。図2－1をご覧ください。

■アップルの「道」

アップルは、アマゾンやフェイスブックなどのようにミッションを明示していません。しかし、ブランド観は明確です。広告では「リードする」「再定義する」「革命を起こす」といったメッセージを打ち出し、アップルが目指す世界観を表現しています。

また、テレビCMで使われた「Think different.（違う視点で考える）」「Your Verse（あなたの詩＝あなたらしく生きる）」などのフレーズが印象に残っているという方も多いことでしょう。このフレーズから読み取れるのは、アップルは製品やサービスを通じて人がおのおのの視点を持ち、自分らしく生きることを支援したいと考えているということです。私は、アップルが持つ**「自分らしく生きることを支援する」ことへの強いこだわり**は、使命感と呼んでもよいほどだと思っています。

このようなアップルの使命感は、2011年にこの世を去った創業経営者スティーブ・ジョブズの思いを継いだものでしょう。ジョブズはかつてアップルを追われた時期がありましたが、復帰直後の1997年に公開されたアップルのCMで打ち出されたのが「Think different.」でした。CMにはアインシュタイン、ジョン・レノン、パブロ・ピカソといった世の中を変え

図2-1
5ファクターメソッドによる「アップルの大戦略」分析

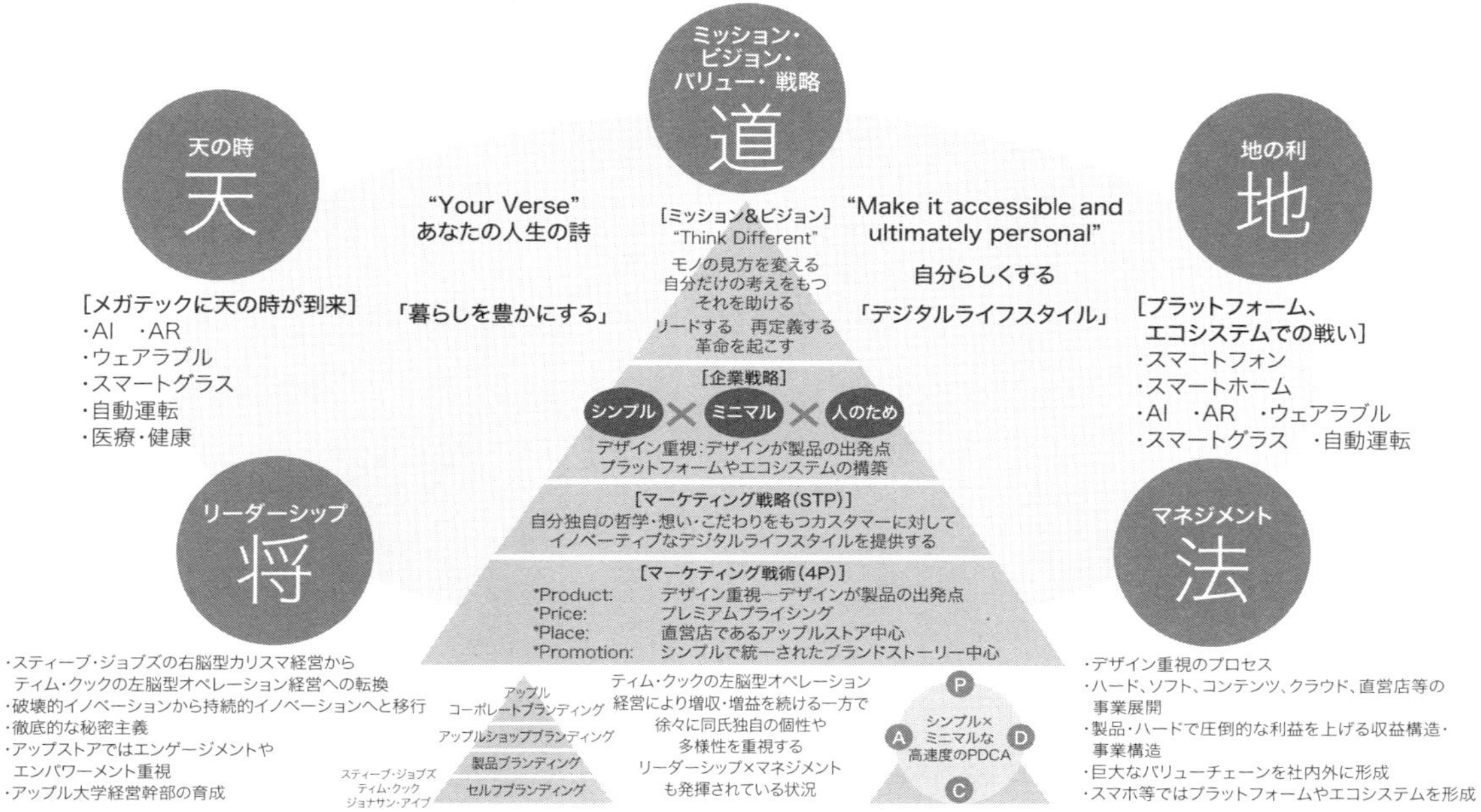

た天才たちの映像と、次のようなナレーションが流れました。

「クレイジーな人たちがいる／はみ出し者、反逆者、厄介者と呼ばれる人たち／四角い穴に丸い杭を打ち込むように、ものごとをまるで違う目で見る人たち／彼らは規則を嫌う／彼らは現状を肯定しない／彼らの言葉に心を打たれる人がいる／反対する人も、賞賛する人も、けなす人もいる／しかし、彼らを無視することは誰にもできない／なぜなら、彼らは物事を変えたからだ／彼らは人間を前進させた／彼らはクレイジーと言われるが／私たちは天才だと思う／自分が世界を変えられると本気で信じる人たちこそが本当に世界を変えているのだから」

【PHOTO2-1】アップル社の創業経営者、スティーブ・ジョブズ。写真：ロイター＝共同

このCMには、アップルが自社の製品やサービスを通じて社会に提示したい哲学が詰まっています。そしてジョブズ亡き後も、現CEOのティム・クックはこの哲学を守ってアップルの

経営にあたっています。

一般に、企業のブランディングにおいてもっとも重要なのは、**「経営者や創業者などの個人が発するメッセージ」＝「セルフブランディング」**です。彼らの想いやこだわりが会社全体、製品やサービス、店舗などに浸透していることが強いブランドを築くことにつながります。この点においてアップルは、ジョブズの強烈なメッセージ、それを継承するクックと、ジョブズのこだわりを製品に昇華させ続けてきた最高デザイン責任者ジョナサン・アイブの手腕により、今もほかのテック企業を圧倒する強固なブランド力を保持しているのです。

■アップルの「天」

アップルにとっての「天」は、**人がおのおのの視点を持ち、自分らしく生きることを支援する機会**であるということができます。

たとえばアップルがｉＰｏｄとｉＴｕｎｅｓというプラットフォームを構築し音楽配信サービスを開始したとき、あるいはアップルミュージックで音楽ストリーミングサービスに参入したとき、それらのサービスによって提示された新しいデジタルライフスタイルは人々をより自由にしたといえます。これらは、技術革新による通信速度の向上、あるいは音楽業界がＣＤ販売から音楽配信へと踏み出し、さらにストリーミングサービスへと音楽コンテンツの収益化のあり方を模索してきた動きなどを、アップルがその哲学を貫徹するための「機会」としてきたと見ることができるでしょう。

■アップルの「地」

アップルにとっての「地」は、iPhoneとiOSによるプラットフォームの構築、その**プラットフォーム上でのエコシステム（ビジネス生態系）の確立**というビジネスモデルです。

iOS上で動くアプリは、アップルの審査を経なくてはアップストアに公開できません。審査を経て公開されたアプリは、有料で販売する場合、販売額の3割をアップルに手数料として支払います。アプリが無料でも、アプリ内で課金する場合やアプリ内にサブスクリプション（サービスの定期購入）を導入する場合もアップルに一定割合の手数料を支払います。このプラットフォーム上に、アプリを開発するデベロッパーが数百万、アプリユーザーは10億人以上も集まっているのです。アップルによれば、アップストアは「興奮と活気にあふれた場所に成長」しています。

■アップルの「将」

アップルの現在の「将」はクックですが、アップルについて考える上ではまず創業経営者であるジョブズについて知る必要があります。

ジョブズが数百年に一人の天才であることは疑いようがありませんが、その一方、歴史上の革命家に共通するように極端なパーソナリティの持ち主でした。ジョブズ公認の評伝『スティーブ・ジョブズ』（ウォルター・アイザックソン／講談社）には、取引先企業からのチップ供給が遅れそうになったとき、ジョブズが打ち合わせの席に乱入して「お前たちは役立たずのタマなしくそったれ（Fucking Dickless Assholes）」だと叱り飛ばしたエピソードが紹介されています。その後、納期内にチップを納めたその会社の幹部は「チームＦＤＡ」と背中に大書したジャンパーをつくったそうです。

また、ジョブズは並外れたプレゼンター、マーケッターでした。『スティーブ・ジョブズ驚異のプレゼン』（日経ＢＰ社）で、著者のカーマイン・ガロはジョブズのプレゼンテーションについて「ドーパミンを放出させる力がある」と述べています。ジョブズのプレゼンテーションは多くの人々を熱狂させ、アップル製品への期待を高めただけでなく、アップルのブランド価値向上にも寄与したといっていいでしょう。

そしてものづくりにおいては、偏執的といえるほど細部へこだわりを見せました。ジョブズは、見えもしない回路基板のチップさえ、きれいに並べろとうるさかったといいます。

このような人物の代わりは、誰にも務めることはできないでしょう。

【PHOTO2-2】アップルの現在の最高経営責任者（CEO）、ティム・クック。写真：ロイター＝共同

ジョブズと比べてしまえば、クックは「普通の人」の印象が拭えないかもしれません。しかしクックもまた優れた経営者であり、十分なカリスマ性を備えています。

経営者には右脳インサイト型のカリスマ経営者と、左脳オペレーション型の経営者が存在すると考えます。それでいうとジョブズはまさに右脳型ですが、クックは右脳と左脳の両方が優れたバランス型です。そのバランス感覚を活かし、「ジョブズの後継者」という強烈なプレッシャーを受けながらも、アップルという世界的大企業の舵取りをしっかり果たしています。クックが持つ「**組織力を向上させる能力**」はジョブズにはなかったものであり、この点は絶対的に評価すべきところです。

またクックはＣＥＯ就任後、ゲイであることをカミングアウトし、米国における多様性やリベラルの象徴的な存在となりました。今はクック自身がアップルの１つのバリューになり、独自のリーダーシップとマネジメントを発揮するようになっています。「女性や人種、ＬＧＢＴ

の雇用機会問題に真摯に取り組んでいることは言うまでもない。また個人のプライバシーの保護や規制への支持、テクノロジーの使いすぎの問題に取り組み、テクノロジーの行き過ぎを是正する立ち回りも見られる」「クック氏が推し進めているのは、社会的に正しいこと、企業と社会、ひいては人類が持続的に発展していくことの追求」（松村太郎『週刊東洋経済』２０１８年12月22日号）という指摘もあります。クックは革命的とまではいえないかもしれませんが、彼もまた、天才的な経営者です。

■アップルの「法」

最後に、アップルの収益構造を見てみましょう。

アップルは、ハード、ソフト、コンテンツ、クラウド、直営店などの事業を展開していますが、**売り上げは主にハードウエア製品から上げている点が特徴的**です。

アップルの２０１９年度第１四半期の売り上げの内訳を見ると、**61・7%をiPhone**が占めています。それに次ぐのがサービス部門で、12・9%。Ｍａｃが8・8%、ｉＰａｄは8・0%です。なおアップルの売上高を地域別に見ると、北米が約43・8%、欧州が24・2%、中華圏が15・6%、日本が8・2%、その他のアジア太平洋地域が8・2%となっています（図２－２）。

米中の対立が激化する中、中国での米国製品離れ、アップル製品離れの影響が今後どう出る

図 2-2
アップルの製品別の売上高比率と地域別売上高比率（2019年度第1四半期）

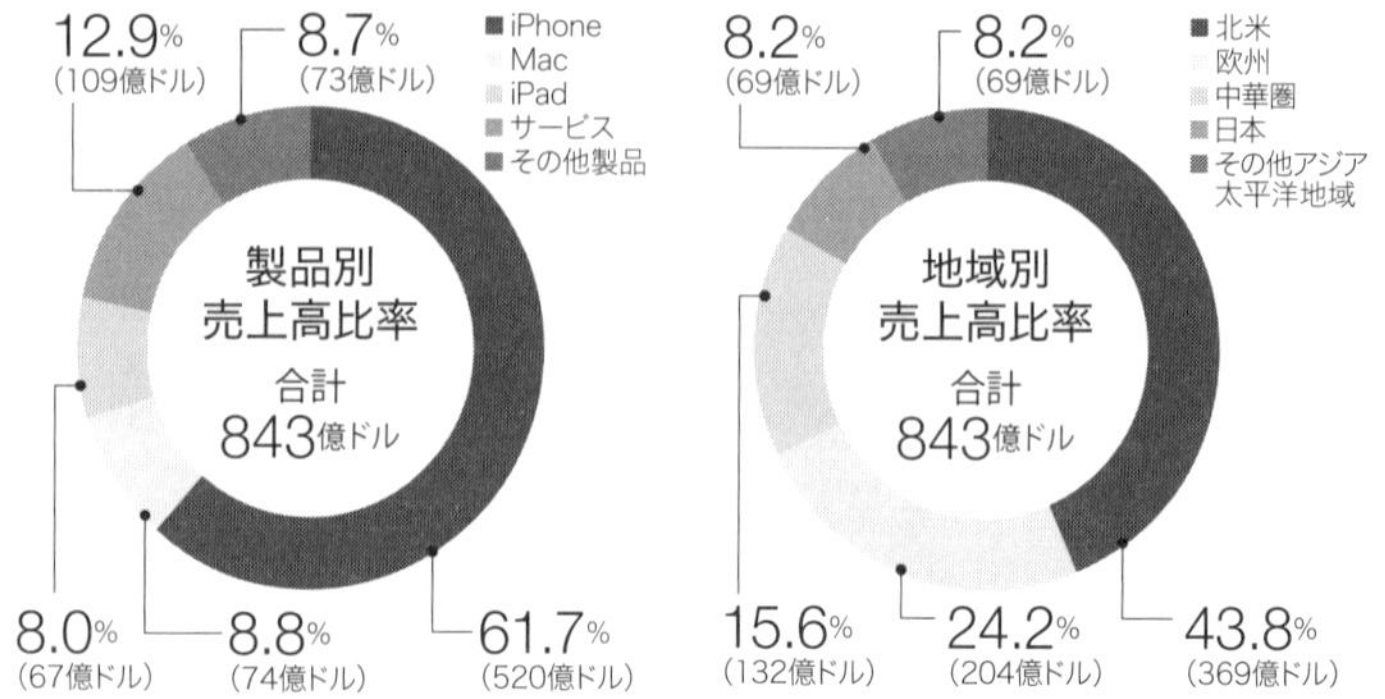

出典：アップル2019年度第1四半期決算資料をもとに筆者作図

か、注視する必要がありそうです。

２０１９年１月には、「アップル・ショック」が市場を襲いました。アップル社は年明け早々に２０１８年10～12月期の売上高を下方修正、さらに２０１８年秋に発売した新型スマホの生産量を当初計画から10％程度減らす見通しを発表したのです。これを受けて、**同社の株価は急落、日本株市場にも大きな影響**を与えました。

この「アップル・ショック」については、私は、同社が新たなプラットフォームを構築するという見方が定着するようになるまでは、しばらく厳しい展開が続く可能性が高いと考えています。これについては後述します。

03 「ブランド論」としてのアップル

プレミアムブランドとしてのずば抜けた価値

ここで私の専門領域の1つであるマーケティングにおけるブランド論からアップルを分析していきます。

ブランドには、①創業者や経営者のブランディングであるセルフブランディング、②商品・サービスを対象とする商品ブランディング、③企業全体を対象とするコーポレートブランディングがあります。米国メガテック企業4社の共通点としては、コーポレートブランディングに優れているということが挙げられます。

その一方で、当該企業が提供している商品そのものがブランド化しているかどうか、特に**プレミアムブランド（通常の商品よりもブランド価値が高く、価格も高めのプレミアムプライシングで販売可能な商品）**にまでなっているかどうかということになると、4社の中でもアップ

図2-3
Apple iPhoneのブランディング分析

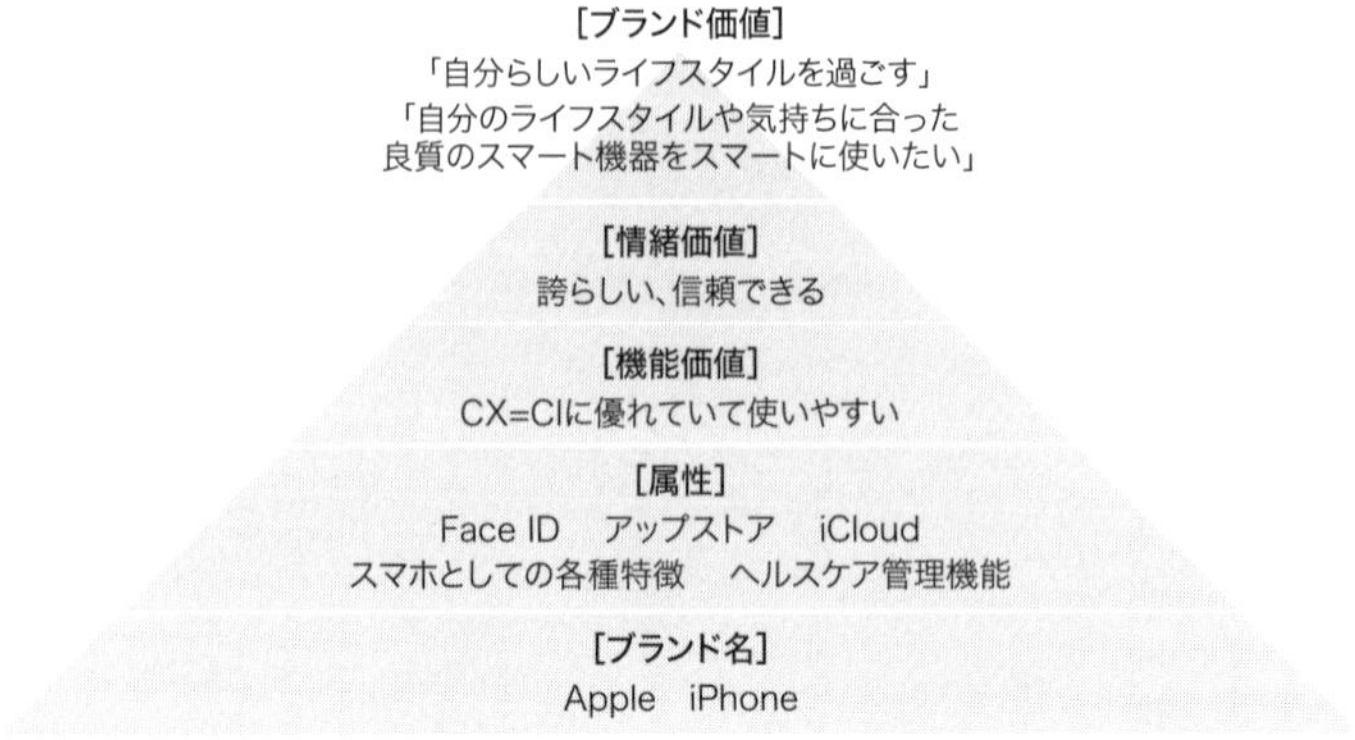

ルがもっとも優れていると分析されます。

図２－３はラダリングというフレームワークでアップルのｉＰｈｏｎｅを代表例としてブランディング分析したものです。優れたブランドは、名称から、属性（特徴や実績）、機能価値、情緒価値、ブランド価値に至るまですべての階層で顧客価値に優れています。

まずブランド名であるｉＰｈｏｎｅの「ｉ」にはさまざまな意味が込められています。小文字から始まることで違和感を醸し出し注目させる一方、全体として明快なトーンと発音。そして何より、ｉには「私」「私の」「自分らしく」という意味やブランド価値までもが込められているのです。

属性では、本人確認としてのフェースＩＤ（アップルが開発した顔認証システム）、プラットフォームとしてのアップストア、保有しているデバイス間を同期化させるアイクラウド、スマホとしての各種特徴、そして後で詳しく述べるヘルスケア管理機能などが挙げられます。

それぞれの製品の機能価値や情緒価値は、ＣＭやコピーといったプロモーションからできるのではなく、**属性から派生するもの**であるということが重要なポイントです。機能価値としてはＣＸ（カスタマーエクスペリエンス）＝ＣＩ（カスタマーインターフェイス）に優れていて使いやすいこと、情緒価値としては実際に使っていて「誇らしい、信頼できる」といった気持ちになることが指摘できると思います。

そして、最終的にｉＰｈｏｎｅは、「自分らしいライフスタイルを過ごす」「自分のライフスタイルや気持ちに合った高品質のスマート機器を自分らしくスマートに使いこなしたい」というような顧客価値を提供していると表現できるでしょう。アップルがｉＰｈｏｎｅに対して哲学・想い・こだわりを持っているように、自分の仕事やライフスタイルに哲学・想い・こだわりを持って過ごしていきたいと思っている人。それがアップルのターゲティングであり、ポジショニングでもあるのです。

04 プライバシー重視への強いこだわり

「アップルはＡＩにおいて出遅れている」？

アップルが今回の８社の中で際立っているのは、**顧客のプライバシーを重視し、個人データの利活用をしないことを明言**していることです。「ＩｏＴ×ビッグデータ×ＡＩ」時代において、消費者から集積したビッグデータの利活用を行わないことはＡＩ戦略にも大きな影響を与えます。実際に「アップルはＡＩにおいて出遅れている」とはよく指摘されることです。

「出遅れているから言い訳のために個人データの利活用は行わないと述べているだけ」という批判もありますが、私は、アップルのプライバシー重視のスタンスは「その人らしくあってほしい」という同社の使命感や価値観からきているのではないかと分析しています。

確かに、アマゾンからは、協調フィルタリングというＡＩのアルゴリズムによって自分に興味のある商品を推奨するメールが届いてくる一方、アップルは消費者に対して一律に商品・

サービス紹介のメールを送ってくるので、センスがないと思うこともしばしばです。しかし、自分の個人データがさまざまな場面でテクノロジー企業に取得されていると体感する場面が増えてきた中、**アップルの姿勢は今後、再評価される**だろうと予測しています。

私自身は長年アップル製品を愛用してきました。現在では、フェースIDを搭載したiPhone X、通常のiPadとiPad Pro、そしてアップルウォッチ・シリーズ4を同期化して使っています。「アップルの製品だから使用している」という機能も少なくありません。

その最たるものがフェースIDです。iPhone XとiPad Proに搭載されたフェースIDは、便利である一方、自分のプライベートな生活やありのままの姿がそこで記録されているかもしれないと意識することが多々あります。それでも私がこれらの製品を使っているのは、アップルが個人データの利活用をしないという信頼感や安心感があるからです。

決済アプリについては、仕事上の要請から、主要なものは一通りスマホにインストールして、それぞれ数回程度は実際に使用もしています。それでも私が実際にもっとも多用しているのは、アップルウォッチを使用端末とする「アップルペイ×Suica」決済です。時計の右側にあるボタンを2回クリックすれば決済画面が現れ、対応する機器の読み取り部にかざすだけ。コンビニでの決済、タクシーやJR、地下鉄での支払いなど、本当にスピーディで快適です。もっとも、**利便性以上に重要なのは、やはりアップルの信頼性や安心感**。自分のクレジットカード

図 2-4

「信用力」に優れたアップル

決済はアップルペイ×Suica　　健康管理はアップルウォッチのECG（心電図）計測　　仕事はiPad Pro

「金融取引を委ねられるのは信頼できる企業」　　「自分の医療データを委ねられるのは信頼できる企業」　　「仕事の情報を委ねられるのは信頼できる企業」

個人データの利活用をしないことを宣言しており、金融サービス、医療サービス、業務用サービスなどで信用力がより重要となってくる中で、アップルを再評価する動きが出てくる可能性が高い

情報を提供し、さらには自分の銀行口座にまで紐づけて金融取引を行うとなると、信用のおけない企業に任せることはできないからです。

　アップルウォッチは、シリーズ４になってからはＥＣＧ（心電図）計測ができるようになり、もはや事実上、「医療機器」と呼べる水準に進化してきました。この機能については後述しますが、医療データを委ねられるのも、やはり信頼できるアップルだからです（２０１９年３月時点では同機能は日本では有効化されていない）。

　仕事では外出先の作業はパソコンよりｉＰａｄ Ｐｒｏという機会が増えてきました。このように仕事上の重要な情報を委ねられるのも信頼できる企業だからなのです。

　以上はあくまで私個人の事例です。「そんなことは気にせずにどんどん便利な生活を送りたい」

と思う層も少なくないと思います。一方で、金融サービス、医療サービス、業務用サービスなどで信用力がより重要となっている昨今、アップルを再評価する動きが出てくる可能性が高いのではないかと予想しています。

05 メディカルビジネスのプラットフォーマーに

アップルウォッチはもはや医療機器

スティーブ・ジョブズ亡き後のアップルは、業績や株価は大きく成長している一方で、イノベーションという観点からは持続的なものにとどまっています。もはやかつてのように破壊的なイノベーションを起こすのは困難なのではないかという指摘もあります。それに対して私は、iPodで音楽市場を破壊したアップルが、今度は**アップルウォッチでヘルスケア市場を破壊**するのではないかと予測しています。

先に述べた通り、アップルウォッチはシリーズ4からECG（心電図）を搭載し、事実上、

「医療機器」と呼べる水準にまでヘルスケア管理機能を進化させています。このシリーズからはハードウエア構造が新たな段階に突入し、健康管理、医療管理のウエアラブル機器としての性格を強めています。実際にアップルは米国ＦＤＡ（アメリカ合衆国保健福祉省配下の政府機関。食品・医薬品局）から限定的な医療機器としての認可も取得しています。具体的に説明しましょう。ｉＰｈｏｎｅをお使いの方で、「ヘルスケア」という標準搭載のアプリをお使いの方も少なくないでしょう。通常であれば、「歩数」「エクササイズ時間」等が表示されるものですが、アップルウォッチとの併用により、「心拍数」「心拍変動」等が表示され、異常値が計測されるとリアルタイムでメッセージが送られてくるようになっています。まさに**「健康管理」から「医療管理」へと進化**してきているのです。そして、この心電図機能は、アップルのヘルスケア戦略の１つの機能に過ぎません。

図２－５は、現在公開されている情報から、アップルのヘルスケア戦略を将来展開されるであろうレイヤー構造としてまとめたものです。

レイヤー構造の底辺でインフラとしてアップルのヘルスケア戦略を支えていくのは、スマートヘルスケアのエコシステムとしてのＨｅａｌｔｈＫｉｔ（ヘルスキット）です。ここには、アップルウォッチやｉＰｈｏｎｅなどのアップル製品から取得された個人の医療・健康データのほか、将来的には病院のカルテ情報などが蓄えられていくことが想定されています。利用者

図2-5
アップルのヘルスケア戦略を予測

スマートヘルスケアのプラットフォームとしての**アップルウォッチ**

スマートヘルスケアのエコシステムとしての**ヘルスキット**

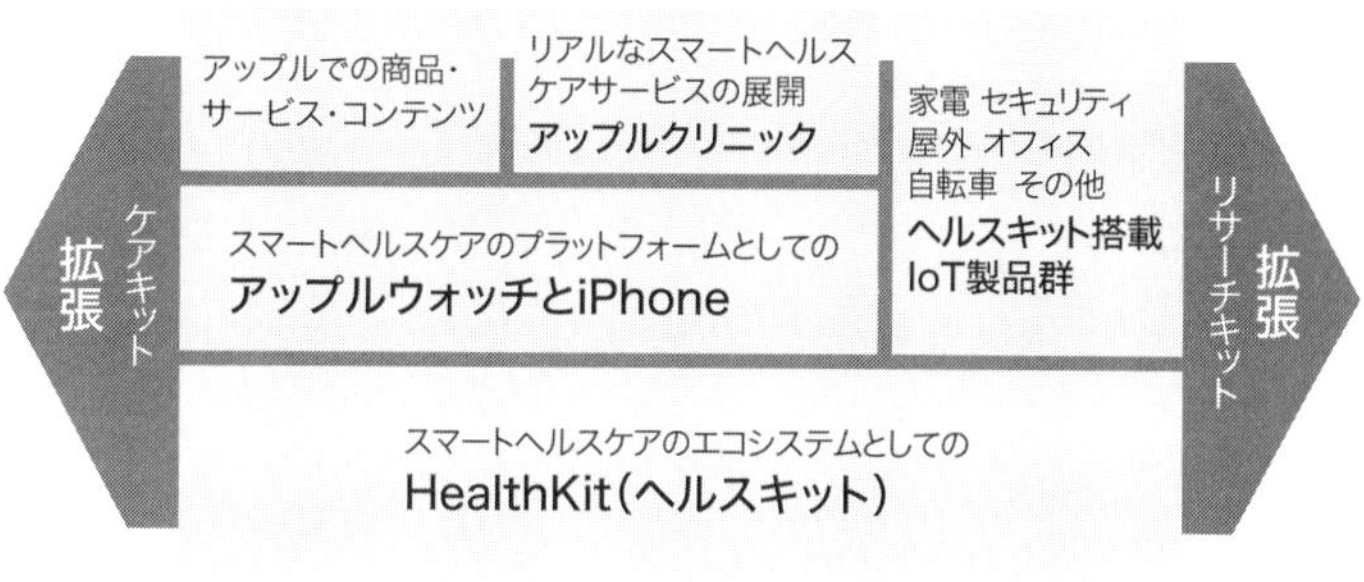

はすでに公開されている健康管理アプリ「ヘルスケア」で自分のデータをチェックできるほか、将来的には医療機関との間でのやりとりにも使われることになるのです。

　アップルはこのエコシステムを自社製品のみならず、多くの企業が展開するヘルスケア関連のIoT機器製品群にもオープンプラットフォームとして公開していくのではないかと考えられます。今後、**アップルウォッチやiPhoneは、スマートヘルスケアのプラットフォームとしても成長**し、そこではさまざまなヘルスケア関連の商品・サービス・コンテンツが展開されるでしょう。

　これが前述した同社が構築する新たなプラットフォームです。

　なおアップルは、ヘルスケア関連アプリ開発のプラットフォームとして「CareKit（ケアキット)」を、ヘルスケア関連のリサーチプラットフォームとして「ResearchKit(リサーチキット)」をすでに事業展開しています。

さらに私が予想しているのは、アップルは、スマートヘルスケアのエコシステムとしてのヘルスキット、スマートヘルスケアのプラットフォームとしてのアップルウォッチやiPhoneを基軸として、**リアルな病院やクリニックである「アップルクリニック」を事業展開していく**という流れです。アップルではすでに自社製品も活かした社員用のクリニックを展開していることが知られています。アップルでは社員用で高速PDCAを回し、時機が到来したら広く一般向けに事業展開する可能性は否定できないのではないでしょうか。

アップルでは、アップルウォッチに心電図機能のほか、血圧測定機能、血糖値測定機能まで搭載していくことを計画しているようです。

医療においてもテクノロジーが重要であることはいうまでもありません。グーグルやアマゾンも、プラットフォームを巡る戦いにおいて、この分野で侮れない相手になるでしょう。それでも最後に指摘しておきたいのは、**医療分野のエコシステムやプラットフォームにおいてもっとも重要なポイントは、信頼性や安心感であるということなのです。**

06 ファーウェイの事業の実態は？

HUAWEI

「ファーウェイ・ショック」だけでは見えないもの

次に取り上げる中国企業は、２０１８年の第２四半期と第３四半期にスマホの出荷台数でアップルを抜き、**世界2位のスマホメーカーの座をかけてアップルとしのぎを削っている華為技術（ファーウェイ）**です。

ファーウェイについては、２０１８年12月に同社の孟晩舟・副会長兼最高財務責任者（ＣＦＯ）が違法金融取引の疑いで米国の要請に応じてカナダ当局に逮捕されて以降、メディアで大々的に取り上げられることが増えました。皆さんの中にも、この「ファーウェイ・ショック」をきっかけに「一体どんな会社なのか」と関心を持った方が多くいるのではないかと思います。

しかし、断片的なニュースを追っていてもなかなかその実態は見えにくいものです。ここで、ファーウェイが何をやっている会社なのか、なぜこれほど注目が集まっているのか、まずは全体像を説明しましょう。

■世界ナンバーワンの移動通信設備メーカー

米国マサチューセッツ州に拠点を置く市場調査会社のＩＤＣが発表した数字によると、グローバル市場のスマホ出荷台数シェアでは、２０１８年第３四半期は韓国サムスン電子が約20％で1位、ファーウェイは約15％で2位、アップルは約13％で3位、一方、第４四半期はサムスンが約18・7％で1位、アップルが約18・2％で2位、ファーウェイが約16・１％で３位になっています。日本国内でも、スマホ販売データを見るとアップル、シャープに次いでファーウェイが3位に入っており10％ほどのシェアがあります。結果、「スマホなどのモバイル機器メーカー」というイメージを同社に持っている方も多いでしょう。

しかし、より正確にファーウェイをひと言で表すなら、**「世界最先端のテクノロジーを誇るハードウエアメーカー」**ということになります。

特にファーウェイが強みを持っているのは、移動通信設備です。出荷台数はスウェーデンのエリクソンを抜き、世界ナンバーワンの座にあります。売上高の約5割は通信事業者向けのネットワーク事業によって上げており、日本でもソフトバンクが基地局を採用した実績があります。

移動通信設備でノキアやエリクソンを抜き、スマホではアップルを抜いているのですから、ハードウエアメーカーとしてのファーウェイの競争力の強さは目を見張るものがあります。その力の源泉はどこにあるのでしょうか？

沈才彬『中国新興企業の正体』（角川新書）によれば、ファーウェイの強さは「持続的な巨額な研究開発投資」にあります。ファーウェイでは毎年、売り上げの10％以上を継続して研究開発に充てており、２０１７年の年間の研究開発費は１兆４８００億円にものぼりました（２０１７年度アニュアルレポート）。**これはアップルやトヨタの研究開発費を上回る**レベルです。また、18万人のグローバル社員のうち研究開発要員が８万人超と、全体の約45％を占めています。このような体制のもと、ファーウェイは国際特許を多数出願しており、その件数は２０１４年と２０１５年に世界１位、２０１６年には世界２位。２０１５年には「ファーウェイが利用したアップルの特許件数」98件に対し、「アップルが利用したファーウェイの特許件数」は７６９件となっていることからも、ファーウェイの高い技術開発力がうかがわれます。

一昔前までなら、「中国メーカーは海外企業の真似をしてばかり」というイメージを持っていた人も少なくなかったでしょう。ファーウェイも、その歴史を振り返れば海外製品を真似ながら成長していた時期があります。しかし今や、ファーウェイのテクノロジーは**「世界最先端」**と呼ぶにふさわしいレベルにあるのです。

■クラウド事業への注力

移動通信設備、スマホ製造のほかに近年ファーウェイが注力しているのは、アマゾンのＡＷＳのようなクラウドサービスです。「クラウド事業」を注力分野として打ち出したのは２０１７年のことですが、ファーウェイＣＥＯは「世界５大クラウドの１つになる」と宣言。先行するアマゾンやマイクロソフト、グーグルを果敢に追っています。

ファーウェイによれば、フォーチュン・グローバル５００社（米国経済誌「フォーチュン」が毎年発表している世界企業番付）のうち２１１社が同社のクラウドサービスを利用するなど、着々と実績を伸ばしています。

■5G研究で先頭を走る

ファーウェイについて考察する上では、２０２０年の商用化が見込まれる次世代移動通信規格「５Ｇ」がカギの１つになります。５Ｇとは、ひと言でいえば**「高速・大容量」「低遅延」「同時多数接続」**を可能にする通信インフラ技術です。

インターネットにあらゆるモノやデバイスが接続されるＩｏＴ時代においては、既存の通信規格である３Ｇや４Ｇでは性能面でとても追いつきません。この点、最大データ通信速度は４Ｇが１ギガビット／秒であるのに対し、５Ｇは20ギガビット／秒。遅延時間は、４Ｇは10ミリ秒であるのに対し５Gは１ミリ秒。同時多数接続は、４Gが１㎢当たり10万台であるのに対し５Gでは１００万台。つまり５Gは、４Gと比べて、「20倍の速さ」「10分の1の遅延」「10倍の接続可能数」を持つわけです。ユーザーの体感速度は、４Gの１００倍にもなるといわれます。

５Gによって通信環境が劇的によくなれば、まず臨場感あふれる映像配信が可能になるでしょう。たとえばスポーツの３次元リアルタイム中継が実現すれば、別の場所にいながらにして、スタジアムで観戦しているような臨場感を味わえます。

VRやARにより、物理的に離れている人同士があたかも同じ空間にいるかのように会議をすることもできるはずです。

５G通信により遠隔操作可能な端末を使い、医者が遠隔外科手術をしたり熟練した大工が遠隔で家を建てたりすることも夢ではありません。

もちろん、自動運転において道を走る各自動車のデータ収集や自動車間のデータ通信なども５Gなくしては考えられません。高速で移動する自動車の安全な自動運転は、遅延のないデータ通信なくして実現しないのです。

このように５Gは、まさに「次世代」の体験を私たちにもたらしてくれる、さまざまな可能性を秘めています。**本書に登場するメガテック各社の今後の戦略も、ベースに５Gという次世代通信があってこそ描きうるものが少なくありません。**

■次世代移動通信インフラの覇権狙いが影響？

先にご説明した通り、ファーウェイは移動通信設備で世界ナンバーワンの企業です。東京大学大学院・江﨑浩教授は報道番組の取材に**「5Gの研究開発では世界の先頭を走っている」**と答えています（フジテレビ系「プライムニュース イブニング」2018年12月11日）。今後、世界各国で5Gインフラが整備されていく中、その存在感は非常に大きいわけです。

しかし、5Gはファーウェイにとって次世代移動通信インフラの覇権を狙えるチャンスである一方、**そのことに脅威を感じる勢力から強烈な反発を招く原因**にもなっています。そしてそれが、「中国リスク」が顕在化した事象ともいえる「ファーウェイ・ショック」につながったという見方もあるのです。

2018年に米国や日本を含む同盟国で起きた、ファーウェイ製の移動通信設備やスマホを締め出そうとする動き、そしてこうした環境の激変がファーウェイにもたらす影響については、後述したいと思います。

07 ファーウェイの5ファクターは

「道」「天」「地」「将」「法」で戦略分析

ファーウェイについて全体像を押さえたところで、同社の「道」「天」「地」「将」「法」を見てみましょう。図２-６をご覧ください。

■ファーウェイの「道」

ファーウェイは自社の「明確なビジョンとミッション」として、「あらゆる人、家庭、組織にデジタル化の価値を提供し、すべてがつながったインテリジェントな世界を実現する」ことを掲げています。

アニュアルレポートでは、このミッションに関連して、CEOの見解が詳しく示されています。

「人間が使う何十億ものデバイスからユビキタスな産業用センサーまで、あらゆるモノが感覚と認知力を持つようになれば、物理世界とデジタル世界の境界は消え、大量のデータが絶え間なく生成されることになるでしょう」

「人をつなぐことからすべてをつなぐことへのこうした移行によって、大規模なデータの解析や応用に新たな可能性が生まれます。世界中にクラウドデータセンターが広がり、エッジコンピューティングが普及すれば、環境知能によってデータから新たな商機がもたらされるでしょう。これによりあらゆる業界の応用技術においてイノベーションが後押しされ、企業は潜在能力を余すところなく発揮できるようになるでしょう」

こうしたコメントからは、ファーウェイが提供するスマホや今後より一層の普及が見込まれるIoT、それらをつなぐ次世代移動通信網5G、収集される大量のデータを処理するクラウドサービス、今後さまざまな企業が展開していくであろうVRやAR関連サービスといったものが想起されます。

ファーウェイは、こうした**「インテリジェントな世界」の実現**を目指し、そのミッションに基づいて、「インテリジェントな世界を実現するためのハードウェア」を中心とした製品・サービスを提供しているわけです。

図2-6

5ファクターメソッドによる「ファーウェイの大戦略」分析

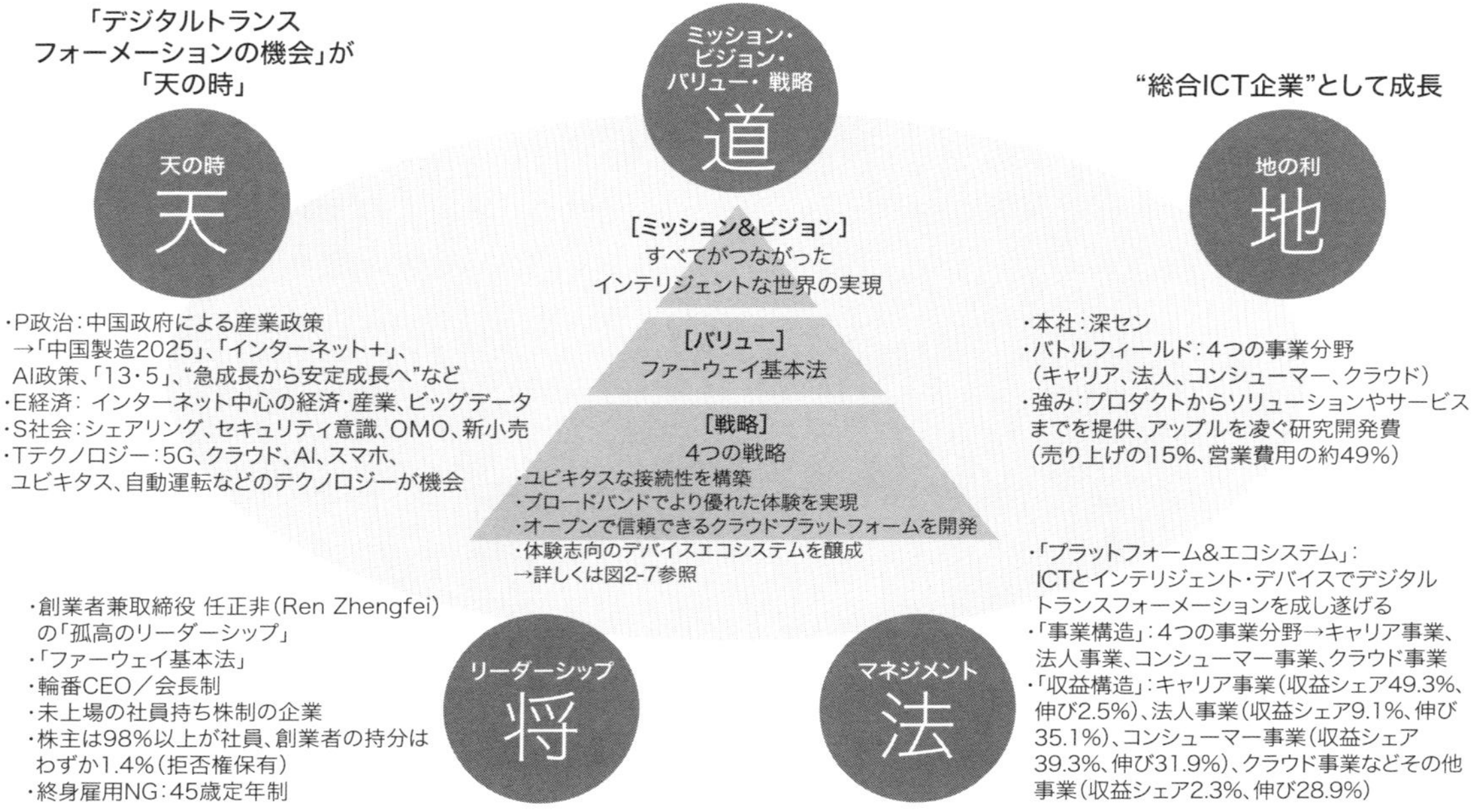
「デジタルトランス
フォーメーションの機会」が
「天の時」
天の時
天
・P政治：中国政府による産業政策
→「中国製造2025」、「インターネット＋」、
AI政策、「13・5」、“急成長から安定成長へ”など
・E経済：インターネット中心の経済・産業、ビッグデータ
・S社会：シェアリング、セキュリティ意識、OMO、新小売
・Tテクノロジー：5G、クラウド、AI、スマホ、
ユビキタス、自動運転などのテクノロジーが機会
ミッション・
ビジョン・
バリュー・戦略
道
［ミッション&ビジョン］
すべてがつながった
インテリジェントな世界の実現
［バリュー］
ファーウェイ基本法
［戦略］
4つの戦略
・ユビキタスな接続性を構築
・ブロードバンドでより優れた体験を実現
・オープンで信頼できるクラウドプラットフォームを開発
・体験志向のデバイスエコシステムを醸成
→詳しくは図2-7参照
“総合ICT企業”として成長
地の利
地
・本社：深セン
・バトルフィールド：4つの事業分野
（キャリア、法人、コンシューマー、クラウド）
・強み：プロダクトからソリューションやサービス
までを提供、アップルを凌ぐ研究開発費
（売り上げの15%、営業費用の約49%）
・創業者兼取締役 任正非（Ren Zhengfei）
の「孤高のリーダーシップ」
・「ファーウェイ基本法」
・輪番CEO／会長制
・未上場の社員持ち株制の企業
・株主は98%以上が社員、創業者の持分は
わずか1.4%（拒否権保有）
・終身雇用NG：45歳定年制
リーダーシップ
将
マネジメント
法
・「プラットフォーム&エコシステム」：
ICTとインテリジェント・デバイスでデジタル
トランスフォーメーションを成し遂げる
・「事業構造」：4つの事業分野→キャリア事業、
法人事業、コンシューマー事業、クラウド事業
・「収益構造」：キャリア事業（収益シェア49.3%、
伸び2.5%）、法人事業（収益シェア9.1%、伸び
35.1%）、コンシューマー事業（収益シェア
39.3%、伸び31.9%）、クラウド事業などその他
事業（収益シェア2.3%、伸び28.9%）

■ファーウェイの「天」

ファーウェイは「あらゆる人、家庭、組織にデジタル化の価値を提供」することをミッションとしており、その機会こそファーウェイの「天」といえます。

これに関連して注目したいのが、ファーウェイが「デジタルデバイドの解消に継続的に取り組んでいる」と述べていることです。アニュアルレポートでは、ファーウェイが世界で30億人近くの人々に製品やサービスを提供しており、その中には開発途上地域や遠隔地が多く含まれることを説明しています。

実はファーウェイには、かつて毛沢東が実践した「農村から都市を包囲する戦略」を参考にし、競合企業が手を出せずにいる農村部の市場を開拓することで存在感を高めてきた歴史があります。前掲の『中国新興企業の正体』によれば、ファーウェイはまず都市の周辺でじわじわと勢力を拡大し、都市を「包囲」した上で都市部のシェア獲得に挑んできたのです。そして中国国内だけでなく、海外進出時にも同様の戦略でシェアを広げ、売り上げを確保。途上国で成功をおさめた後、欧州市場へと事業を拡大していきました。「デジタルデバイドの解消」は、ファーウェイにとってまさに「天」であったわけです。

そして今後は、世界で進むデジタルトランスフォーメーションがファーウェイの「天」となるでしょう。ファーウェイは、今後の業界動向について「インテリジェンスの新時代は、すぐそこまで迫っています」「効率化や品質改善、製品の多様化、よりパーソナライズされたサービスが、すべての人々によりよい暮らしをもたらします」と述べています。抽象的な表現ですが、これらが具体的にどのような世界観について述べているのか、アマゾンやアリババで解説したことを想起すれば容易に想像できるのではないでしょうか。

もちろん、ここで述べたいのは、ファーウェイ自身がアマゾンやアリババ、次章で触れるフェイスブックやテンセントのようなサービスを提供していくということではありません。世の中でデジタルトランスフォーメーションが進んでいくとき、ファーウェイはそれに必要なインフラやデバイスを提供するだけの技術を持っており、それがいかんなく発揮されるであろうということです。

■ファーウェイの「地」

ファーウェイのアニュアルレポートでは、ビジョン、ミッションについて触れる中で「ファーウェイは技術への投資を増強し続けていますが、その焦点をしっかりと定めています。自分たちがすべきこととそうでないことを明確に理解しているのです」と述べています。そしてファーウェイが考える「自分たちがすべきこと」は「**ICTインフラとインテリジェントなデバイスへの注力**」と明記されています（図2-7）。

図2-7
ファーウェイのビジョン、ミッション、戦略

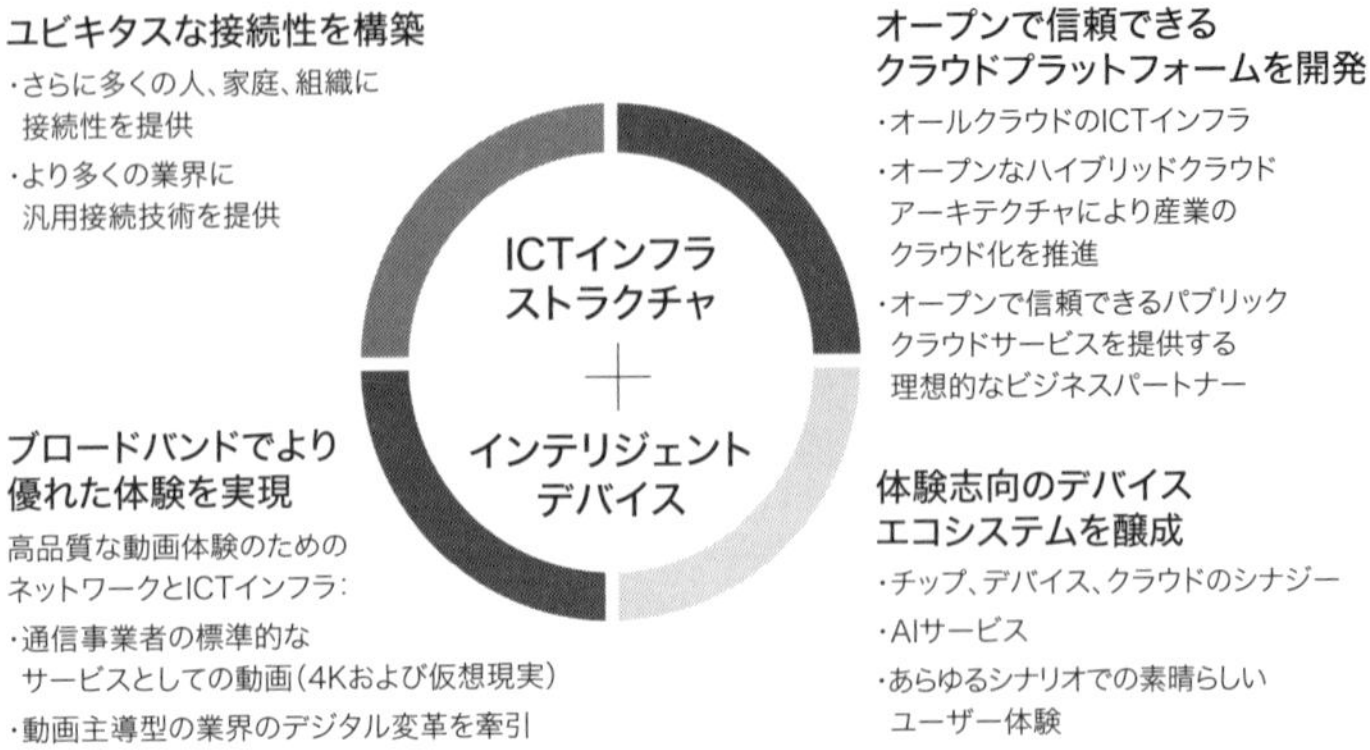

ユビキタスな接続性を構築
・さらに多くの人、家庭、組織に接続性を提供
・より多くの業界に汎用接続技術を提供
オープンで信頼できるクラウドプラットフォームを開発
・オールクラウドのICTインフラ
・オープンなハイブリッドクラウドアーキテクチャにより産業のクラウド化を推進
・オープンで信頼できるパブリッククラウドサービスを提供する理想的なビジネスパートナー
ICTインフラストラクチャ
＋
インテリジェントデバイス
ブロードバンドでより優れた体験を実現
高品質な動画体験のためのネットワークとICTインフラ：
・通信事業者の標準的なサービスとしての動画（4Kおよび仮想現実）
・動画主導型の業界のデジタル変革を牽引
体験志向のデバイスエコシステムを醸成
・チップ、デバイス、クラウドのシナジー
・AIサービス
・あらゆるシナリオでの素晴らしいユーザー体験

出典：ファーウェイの「アニュアルレポート2017」より

ＩＣＴインフラとは移動通信設備や企業向けに提供しているＩＣＴソリューション、注力分野であるクラウドサービスなどのことであり、インテリジェントなデバイスというのはスマホなどを指していると考えてよいでしょう。つまりファーウェイは、**自社をあくまでハードウエアメーカーであると位置づけているわけです。**この点は、ほかのメガテック企業がビッグデータや個人情報の収集にしのぎを削り、プラットフォーム競争に邁進しているのとは大きく異なるといえます。

■ファーウェイの「将」

ファーウェイの「将」については、創業者であるレン・ジンフェイ（任正非）について知る必要があります。レン・ジンフェイは表向きは経営の第一線から退いていることになっていますが、一般的にはファーウェイは「レン・ジンフェイの会社」であると見られており、**企業としてのファーウェイのあり方にもレン・ジンフェイの思想が色濃く反映**されていると考えられるからです。

もっとも、レン・ジンフェイについてはそれほど多くの情報があるわけではありません。「一貫してマスコミと距離を置き、もっぱらわが道を行くワンマン社長」であり、１９８７年の「創業から今日までの30年間、任（レン・ジンフェイ）を直接取材できた記者は１人もいない」（『中国新興企業の正体』）からです。

【PHOTO2-3】ファーウェイの創業者、レン・ジンフェイ。写真：共同通信社

一般に知られているレン・ジンフェイの経歴を見てみましょう。彼は重慶建築工程学院（現在は重慶大学と統合）を卒業したエンジニアです。大学卒業後は人民解放軍に入隊し、技術者として基建工程兵部隊に所属。人民解放軍の人員削減に伴い、国有企業に転属します。その後、大きなプロジェクトを失敗させて会社にいられなくなり、同僚ら5人と共にファーウェイを創業。「誰も雇ってくれないので、やむを得ず起業した」と述べたといいます。

世界がＩＴバブルに沸き、ファーウェイが中国エレクトロニクス業界ナンバーワン企業に成長を遂げていた２００１年には、社内誌に「ファーウェイの冬」という文章を寄せています。

「10年来、私は毎日、失敗についてばかり考えてきた。成功は見ても見なかったことにして、栄誉や誇りも感じず、むしろ危機感ばかりを抱いてきた。だからこそ、ファーウェイは10年間も生存できたのかもしれない。どうすれば生き残れるかを皆で一緒に考えれば、もう少し生き延びることができるかもしれない。失敗というその日はいつか必ずやってくる。我々はそれを迎える心の準備をしなければならない。これは私のゆるぎない見方であり、歴史の法則でもあるのだ」（『中国新興企業の正体』）

こうした事実やレン・ジンフェイの言葉を読み解いていくと、目立つことを好まない堅実な人物像が浮かんできます。私は、レン・ジンフェイは「孤高のリーダーシップ」の人であると考えています。

■ファーウェイの「法」

ファーウェイの事業領域は「通信事業者向けネットワーク事業」「法人向けＩＣＴソリューション事業」「コンシューマー向け端末事業」「クラウド事業」の４つです。

通信事業者向けネットワーク事業では、移動通信設備などを製造・販売するだけでなく、Ｉ

図2-8
ファーウェイの売上高の内訳

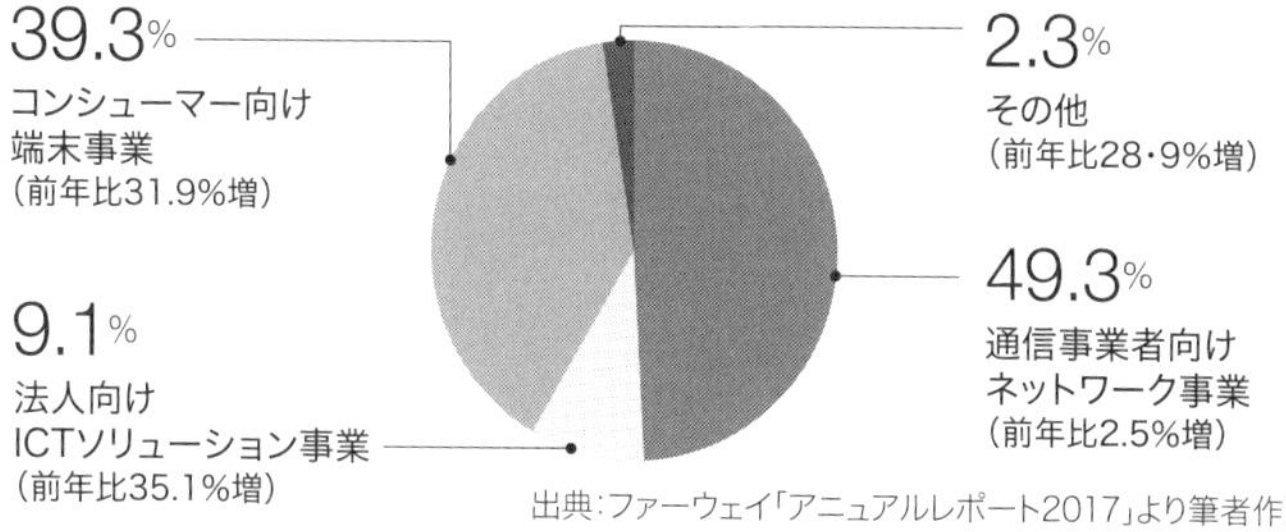

出典:ファーウェイ「アニュアルレポート2017」より筆者作図

ｏＴやクラウドなどのソリューション提案、サービス提供などによる「価値主導型のネットワーク構築」を目指しています。

法人向けＩＣＴソリューションは、政府や公益事業のほか、金融、エネルギー、運輸、製造など、あらゆる業種の企業・団体に向けて、クラウド、ビッグデータ、データセンター、ＩｏＴなどの領域で製品・ソリューションを提供しています。

コンシューマー向け端末事業は、スマホやタブレット、ノートＰＣ、ウエアラブル機器などのほかに「スマートホームエコシステム」も手がけています。アマゾン・アレクサのような自社ＡＩアシスタントの提供により、他企業の製品・サービスをスマート化するものです。

クラウド事業は２０１７年に新設された事業ユニットです。それ以前もクラウドサービスを手がけていた中、あえて**「クラウド」を1つの注力事業領域として立てたところに、**

ファーウェイの意気込みが感じられます。

2017年度の売上高の内訳データを見ると、収益構造は「通信事業者向けネットワーク事業」が49・3%、「コンシューマー向け端末事業」が39・3%、「法人向けICTソリューション事業」が9・1%、「その他」が2・3%となっています。このうち伸びが大きいのは法人向けICTソリューション事業で、前年比35・1%の伸びです。コンシューマー向け端末事業も前年比31・9%と堅調に売り上げを伸ばしています。

08 他社にはない3つの特徴

ファーウェイの全体像が見えてきたところで、特に同社について知っておくべきポイントを見ていきましょう。

■独自の社員持ち株制度

1つ目は、ファーウェイの株主構成です。ファーウェイは創業以来、未上場を貫いています。独自の社員持ち株制度があり、株式の98%以上は「ファーウェイ・ホールディング株式会社組合」が保有しています。この組合を通じて、従業員のうちおよそ８万人がファーウェイの株式を持っているのです。創業者のレン・ジンフェイは個人株主であると同時に、この組合を通じた出資もしていますが、その比率は総株式資本の１・４％に過ぎません。

このような仕組みについて、ファーウェイは「従業員の貢献と成長を会社の長期発展に効果的に合致させ、ファーウェイの継続的な成長を促します」（アニュアルレポート２０１７）と説明しています。確かに、「株主＝社員」であれば、株主への利益の還元はそのまま社員のモチベーションアップにつながるはずです。

■輪番CEO制度

２つ目は、２０１１年に導入された「輪番ＣＥＯ制度」です。ファーウェイには３人の副会長がいるのですが、**その3人が6カ月の任期で順番にCEOを務める仕組み**になっています。輪番ＣＥＯのような制度を持つ企業を、私はほかに知りません。このユニークな制度について、レン・ジンフェイは２０１１年のアニュアルレポートにおいて次のように述べています。

「ファーウェイは、知識とお客様からいただく評価を財産とする企業であり、技術への投資を第一としています。そのため、技術のダイナミズムと市場の変動性を考慮したうえで、当社は少人数の経営者が交代でＣＥＯの職務を引き受けるというＣＥＯ輪番制度を採用しました。いくつもの業務を処理し、深い洞察力を備え、正しい方向づけをするといったことを1人のCEOに期待するよりも、複数のCEOがそれを輪番で受け持つほうが効果的であると、当社は考えます」（『中国新興企業の正体』）

もっとも、レン・ジンフェイ自身もCEOの肩書を持っています。おそらく、日々の業務上の判断は輪番CEOが下し、戦略的な判断にはレン・ジンフェイも深く関与しているのでしょう。ちなみに、取締役会決議についてもレン・ジンフェイは拒否権を保持しており、ほかの取締役全員が賛同する案件であっても、**レン・ジンフェイがノーといえば否決**されます。株主構成や輪番CEO制に目を奪われると、レン・ジンフェイは第一線を退いているかのように見えますが、実際には実権をしっかり握っていることがうかがえます。

■ファーウェイ基本法

3つ目は「ファーウェイ基本法」です。

ファーウェイは、1998年に全6章、64条の「ファーウェイ基本法」を制定しました。その構造をまとめたのが図2-9です。

ファーウェイ基本法は、著名な経営学者ピーター・ドラッカーの理論を参考に、レン・ジンフェイの経営哲学を練り込んだものだといわれています。読み込んでいくと、ドラッカーのみ

図2-9
「ファーウェイ基本法」の構造

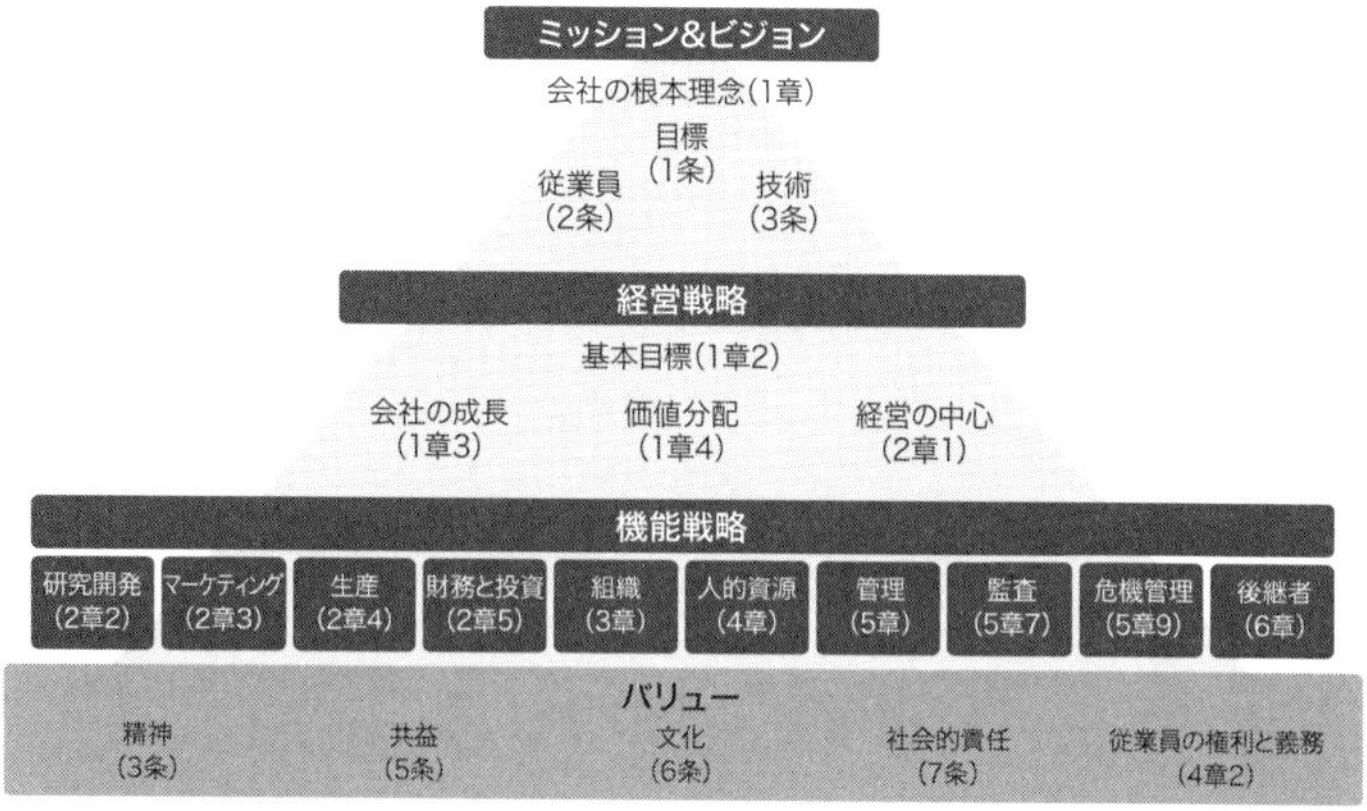

ならず、やはり著名な経営学者であるフィリップ・コトラーのマーケティング理論の影響も見て取れます。**欧米における企業戦略とマーケティングの要諦が網羅**されており、経営学の教科書として充実した内容になっているのです。

ファーウェイ基本法は、ミッション・ビジョン、バリューから、経営戦略、機能戦略まで明確に定めており、これが**同社の組織力の源泉**になっているものと考えられます。

たとえば第1条の「目標」では、「ファーウェイは世界一流の設備サプライヤーになるために、情報サービス業には永久に参入しない」と明記されています（『ファーウェイの技術と経営』今道幸夫／白桃書房）。この条文が、同社の事業ドメインをはっきりと定義していることがわかるでしょう。第2条では、従業員について書かれています。「まじめに責任を負い有効に管理する従業員は、ファーウェイの最大の財産である。知識を尊重し、個性を尊重し、集団で奮闘し、そして迎合しないで成果を出す従業員が、我々の事業が持続的に成長できる内的要件である」。ファーウェイがどのような人材やチームワークのあり方を求めているのかがうかがえます。第3条では、技術について書かれています。「世界の電子情報領域の最新の研究成果を広範に吸収し、国内外の優秀な企業から虚心に学び、自主独立の基礎の上に先進的基本技術体系を、開放的な協力関係で発展させて、我々の卓越した製品によって、世界の通信列強の中に立つ」。エンジニアであるレン・ジンフェイにさかのぼるファーウェイのビジョンやバリューが見える条文です。

私は世界中の数多くの企業について戦略分析を手がけ、分析対象の企業については幅広く資料を収集していますが、このような性格の資料はほかの企業ではほとんど見たことがありません。もちろん多くの企業において、中期経営計画をまとめたり、ミッションやビジョンを定めて5〜10年単位で見直したりといったことは行われています。しかしファーウェイ基本法は1998年の制定から一度も内容が変わることなく、それでも中身はまったく古びていません。**それほど普遍的で重要な内容が過不足なく書かれているのは驚くべきこと**であり、ここにファーウェイという企業の強さの秘密があるのではないかと考えられます。

09 メガテックの争いの中で今後の立ち位置は？

プラットフォームビジネスのレイヤー構造から分析

レン・ジンフェイ独自の経営手法には目を見張るものがありますし、これまでに見てきた通り、移動通信設備で世界1位、スマホでは世界2位の座をかけてアップルとしのぎを削るまでにのぼりつめたファーウェイという会社の存在感はメガテックの中でも大きいといえます。しかし、米中の他のメガテック企業との経済圏を巡る戦い全体の中で考えると、**あえて限られた立ち位置で勝負している**ようにも見受けられます。

図2－10は、メガテック各社が展開するプラットフォームビジネスについておおまかなレイヤー構造を示したものです。この構造の中でファーウェイが大きなシェアを確保しているのは、「通信及び通信プラットフォーム（移動通信設備）」と「デバイス（スマホ）」です。ファーウェイが製造しているのはアンドロイドスマホですから、ＯＳやソフト、アプリ等のレイヤーには

図 2-10
プラットフォームビジネスのレイヤー構造

商品・サービス・コンテンツ

ソフトウエア・プラットフォーム

ハードウエア・プラットフォーム

OS

クラウド・プラットフォーム

デバイス

通信及び通信プラットフォーム

電気及び電気プラットフォーム

社会システム

あまり関与していないわけです。

しかし私は、プラットフォームやエコシステムの覇権争いにおいては、これらのレイヤーのうち**ＯＳやソフト、アプリ等の部分がもっとも重要な階層になる**と予想しています。たとえば先に解説した通り、アップルはスマホにおいてＯＳ、ソフトやアプリ等のレイヤーを押さえ、ハードとしてのｉＰｈｏｎｅで収益を上げるビジネスモデルを構築しています。アップルはファーウェイにスマホのシェアを奪われつつありますが、それでもスマホ事業における収益構造はアップルのほうがずっと強固なのはこのためです。

また、ＯＳやソフト、アプリ等のレイヤーを押さえておかないと重要なビッグデータを大量に蓄積していくことはできません。「ビッグデータ×ＡＩ」が今後のビジネスの生命線になると考えるなら、このレイヤーで存在感を示すことができない企業が最終的な覇権を握るとは考えにくいのです。

それなのになぜファーウェイはこれらの階層に進出しないのでしょうか。ファーウェイの創業者が通信インフラでのハードウエアメーカーという地位に固執しているのは、何か特別な役割を意識しているのではないかと勘繰ってしまいます。

■世代交代がポイント？

もっとも、ファーウェイがスマホでシェアを伸ばしていることを過小評価すべきではありません。スマホはメーカー間の競争が激しく、常に最先端のテクノロジーが搭載されています。そして選ばれ続けるためには洗練されたカスタマーエクスペリエンス、優れたユーザーインターフェイスの提供が必須であり、ファーウェイはそれに精通しているからこそ今の地位があると考えなくてはなりません。ファーウェイの知見と影響力をもってすれば、ＯＳやアプリのレイヤーに打って出ることは十分に可能なはずです。

ファーウェイ基本法に定められた**「ファーウェイは世界一流の設備サプライヤーになるために、情報サービス業には永久に参入しない」**という条文では「情報サービス業」が何を指すのか明確ではありませんが、私はこの条文やこれまでのファーウェイの事業展開から、レン・ジンフェイはOSやアプリのレイヤーに打って出るつもりがないのだろうと考えています。

しかし輪番CEOら若い経営陣が、OSやアプリに進出し覇権を握ることに意欲を持っていないとは限りません。アニュアルレポートの文章の端々には、ところどころそれが透けて見えているようにも感じます。経営者が世代交代すれば、スマホですでにこれだけのシェアを持つファーウェイが本気で覇権をとりにくる可能性もあるかもしれません。

10 チャイナリスクと「ファーウェイ・ショック」後の世界

熱心な情報開示の意図

レン・ジンフェイはかつて人民解放軍に所属しており、創業当初は人民解放軍時代の人脈を活かして業績を伸ばしたともいわれます。そういった背景から、ファーウェイは長らく中国人民解放軍や中国の情報機関との関係性が疑われてきました。

しかしファーウェイは、こうした疑念を強く否定しています。近年は中国政府から距離を置く姿勢を明確にしてきましたし、未上場企業でありながら内容の濃いアニュアルレポートをつくって情報開示に努めているのも、グローバルにビジネスを展開していく上でチャイナリスクを払拭したいという意思の表れなのかもしれません。

同社のサイトの「サイバー・セキュリティ」に関するページには、次のような文章が掲載されています。

【サイバー・セキュリティは一国、一企業だけの問題ではない】現在、ファーウェイに部品を提供しているサプライヤーは世界に５７００社あり、部品の70％をグローバル・サプライチェーンから調達しており、米国がその32％を占める最大の調達先となっています（台湾・日本・韓国28％、欧州10％、中国30％）。したがって、サイバー・セキュリティ問題は、国と業界全体がグローバル規模で取り組むべき問題です。

【Made in China が問題ではない】多くの欧米系ＩＣＴベンダーが大規模な研究開発センターを中国に設置しています。また、生産拠点を中国に置くＩＣＴベンダーも数多くあります。

【売上の約６割は中国以外の市場から】世界１７０か国以上で事業を展開しているファーウェイの売上の約６割は中国以外の市場からもたらされています。

【１００％従業員所有】ファーウェイは非上場企業であると同時に従業員持株制度を採用し、

2015年12月31日時点で7万9563人の従業員が全株式を保有しています。従業員は、不適切な行動をとったりすれば、自らの資産が損なわれることを理解しています。

この文面からは、「ファーウェイは情報を中国当局に流すような会社ではない、そのような疑いがかけられるのは遺憾である」という強い思いが読み取れます。

しかしこうした情報発信の甲斐なく、ファーウェイは**長らく警戒の目**で見られてきました。2011年には、米国政府はサーバー技術を持つ米国企業3Leafをファーウェイが買収するのを阻止。その理由として、ファーウェイが軍人によっても投資されていること、人民解放軍が長期にわたって無償でキー・テクノロジーを同社に提供していること、両者が長期にわたる多くの協力プロジェクトを有していること等が挙げられました。

さらに2012年には、米国下院議会調査委員会が報告書を発表しました。そこではファーウェイとZTEという中国の通信機器大手企業について米国の安全保障への脅威であると主張されていました。そして2014年には、米国の政府機関などでファーウェイ製品の使用を禁止する措置がとられたのです。

2018年には、FBI、CIA、NSAなどの米秘密情報局幹部から、ファーウェイ製品やサービスの利用を控えるべきだといった発言があり、政府機関と政府職員がファーウェイと

ＺＴＥの製品を使用することを禁じる国防権限法も成立しました。こうした動きはアメリカで顕著ですが、ほかにカナダ、オーストラリア、ドイツ、英国などでも長らくファーウェイを警戒する動きがあったのです（山田敏弘「世界を読み解くニュース・サロン：ファーウェイのスマホは〃危険〃なのか『５Ｇ』到来で増す中国の脅威」ITmedia）。

「ファーウェイ・ショック」の根底にあるもの

このような背景のもと、２０１８年12月に起きたのが「ファーウェイ・ショック」でした。前述したように、孟晩舟・副会長兼最高財務責任者（ＣＦＯ）が違法金融取引の疑いで、米国の要請に応じたカナダ当局によって逮捕されます。孟副会長は、レン・ジンフェイの娘です。12月５日に逮捕が発覚すると、翌６日からの米国株式市場でダウ工業株30種平均は２営業日続落して、２万５０００ドルを割り込む事態となりました。日経平均も一時６００円を超す急落、中国株も下落と、「ファーウェイ・ショック」は世界同時株安をもたらしたのです。

本書執筆時点の２０１９年１月でも、「連邦検事がファーウェイを調査・起訴する可能性がある」と「ウォール・ストリート・ジャーナル」が報じるなど、まだ問題に決着はついていません。そして私はこの問題は長期化すると考えています。

■スパイ活動の可能性を米国が問題視

より具体的には、ファーウェイの何が問題視されているのでしょうか。それを明快に示しているのが、2018年12月27日に「日本経済新聞」に掲載された「華為技術日本株式会社（ファーウェイ・ジャパン）より日本の皆様へ」と題した全面広告の内容です。

そこには、「一部の報道において、『製品を分解したところ、ハードウェアに余計なものが見つかった』『マルウェアが見つかった』『仕様書にないポートが見つかった』といった記述や、それらがバックドアに利用される可能性についての言及がありました」と記されており、ファーウェイはそれを「まったくの事実無根です」と否定しています。つまりは、ファーウェイが同社製品を通じて不正に情報収集している、端的にいえば中国政府や人民解放軍の代わりにスパイ活動をしているとの可能性が米国では問題視されたのです。

私は、本書を執筆するに際して、改めて米国のメディアで指摘されているファーウェイのスパイ活動疑惑についての論文やレポートに目を通してみました。

個別にファーウェイを調査したものとしては、2012年10月に米国下院議会調査委員会が公表したファーウェイとZTEについての調査レポートがあります。詳細に調査が行われていますが、いずれについても、「ファーウェイ側は明確に否定できなかった、あるいは回答しなかった」と述べるにとどまっています。

そもそも先ほどのファーウェイの広告からもわかる通り、現時点においても、実際に同社がスパイ活動を行っているという明白な証拠はありません。また、サイバー攻撃の手法は高度化しており、「ハードウエアに余計なものを入れる」といった古典的で稚拙な手法は不要となっています。ただしスパイ活動を行っているという明白な証拠は現時点で存在しない一方、ファーウェイが中国政府や人民解放軍と深いつながりがあるということについてはさまざまな資料が存在しています。

どのような関係性があるのかは不明ですが、私は、ファーウェイが中国政府の支援を受けて成長してきたこと自体は確かではないかと分析しています。そしてそのような関係性の中で米国からスパイ活動の疑惑をかけられたことが、同社の積極的な情報開示姿勢となって現れてきたのだと考えます。なお、米国司法省は２０１９年１月28日、イラン制裁違反と企業秘密の窃盗を巡る２つの事件に関して、合計23にも上る罪状でファーウェイを起訴しました。銀行詐欺、通信詐欺、資金洗浄、司法妨害等の罪状が含まれており、先に引用した新聞広告での反論だけではカバーできないものとなっています。

■「米中の戦い」の一環

ここで明白なのは、詳しくは最終章で解説していく「米中の戦い」の顕著な事例として米国からファーウェイが問題視されているということです。米国の真の目的は、ファーウェイの米国およびその同盟国での通信基地事業展開、特に5Gでの覇権を阻止すること、それに伴って中国政府が推進する「中国製造2025」の実行を中止させることではないかと見ています。孟副会長の逮捕は、「米中の戦い」が単に米中貿易戦争ではないことを物語っているのです。

これからファーウェイはどうなるのでしょうか。すでに日本を含めて米国の同盟国は、政府関連の通信機器等において同社製品を事実上締め出す方針を明らかにしました。米国の強固な姿勢を目の当たりにして、同社との取引を見直す動きも出てくるのではないかとも予想されます。その一方で、ファーウェイ側では、まさに国の威信をかけた総力戦で中国やグレーターチャイナ（中華圏）で完結するサプライチェーン構築を急ぐことになるでしょう。そして「中国リスク」の顕在化が、本書で取り上げているBATHの他の中国メガテック企業にも及ぶか否かにも大いに注視しておくべきだと考えます。

第3章

フェイスブック《Facebook》

×

テンセント《Tencent》

目的としてのＳＮＳか、手段としてのＳＮＳか

本章の狙い

ここでは、米中でSNSを起点にビジネスを展開するフェイスブックと騰訊控股（テンセント）を取り上げます。両社は「SNSを中心に置いたビジネス」を展開しつつも、その戦略が大きく異なる、非常に興味深い事例です。

SNSの代名詞ともいえる存在となったフェイスブック社。そのビジネスモデルは、「人と人がつながるためのプラットフォームを提供し、より多くの人々をプラットフォーム上に集めてデータを収集し、最適化した広告で稼ぐ」ものと分析できます。他方、中国企業としてアリババと株式時価総額トップの座を争う巨大企業テンセントは、「中国のフェイスブック」と称される存在ですが、事業領域は幅広く、ゲームなどのデジタルコンテンツの提供、決済などの金融サービス、AIによる自動運転や医療サービスへの参入、アマゾンのAWSのようなクラウドサービス、アリババと真っ向から勝負する「新小売」の店舗展開など多岐にわたります。

そもそもは同じ起点であった2社がなぜ大きく異なる事業領域を持つのか。それを読み解くカギになるのが、5ファクターメソッドの「道」です。

本章では、フェイスブックとテンセントについて事業構造と現状を解説。その後、5ファクターメソッドを用いつつ両社の戦略を分析、未来を展望していきます。

Facebook

01 フェイスブックの事業の実態は？

把握しづらい企業の全体像

本書を手に取った方で、フェイスブックやメッセンジャーがどんなものかまったく知らないという人はいないでしょう。なので、ここでは「SNSとは」「フェイスブックとは」「メッセンジャーとは」といった解説はしません。

しかしフェイスブックを使っていても、フェイスブック社という企業がどんなビジネスを展開しているのか、全体像を把握できているという人は実はあまり多くないかもしれません。そこでまず、SNSにおけるフェイスブックの立ち位置や、**フェイスブック社が現在展開している5つの基幹サービス**について説明していきます。

■世界20億人が使う「フェイスブック」「メッセンジャー」

フェイスブックはＳＮＳの雄と呼んでもよい存在で、フェイスブックにアカウントを持ち、月に１回以上ログインするユーザー（ＭＡＵ＝Monthly Active User。計測はフェイスブックとメッセンジャーが対象）は２０１８年12月時点で世界に23億２０００万人。ＭＡＵは前年比プラス９％の伸びになっています。

フェイスブックはＭＡＵの推移を「全世界」「北米」「欧州」「アジア」「その他地域」に分けて発表していますが、グラフ（図３‐１）を見るといずれの地域でも右肩上がりに増加していることがわかるでしょう。

図３‐２は２０１７年９月17日から12月16日のデータをもとに世界の主要なＳＮＳのＭＡＵをグラフ化したものです（スナップチャットのみ、日に1回以上ログインするユーザー［Daily Active User］＝ＤＡＵ数）。フェイスブックはアニュアルレポートにおいて、基幹ビジネスに位置づけるＳＮＳとして「フェイスブック」「メッセンジャー」のほかに写真投稿ＳＮＳの「インスタグラム」、メッセージアプリの「ワッツアップ」を挙げていますが、グラフを見ると、いずれも多くのＭＡＵを稼いでいます。フェイスブックが擁するＳＮＳサービス群は、世界の中でも群を抜くユーザーを抱えているのです。

図3-1
月に1回以上ログインするユーザー(MAU)の推移

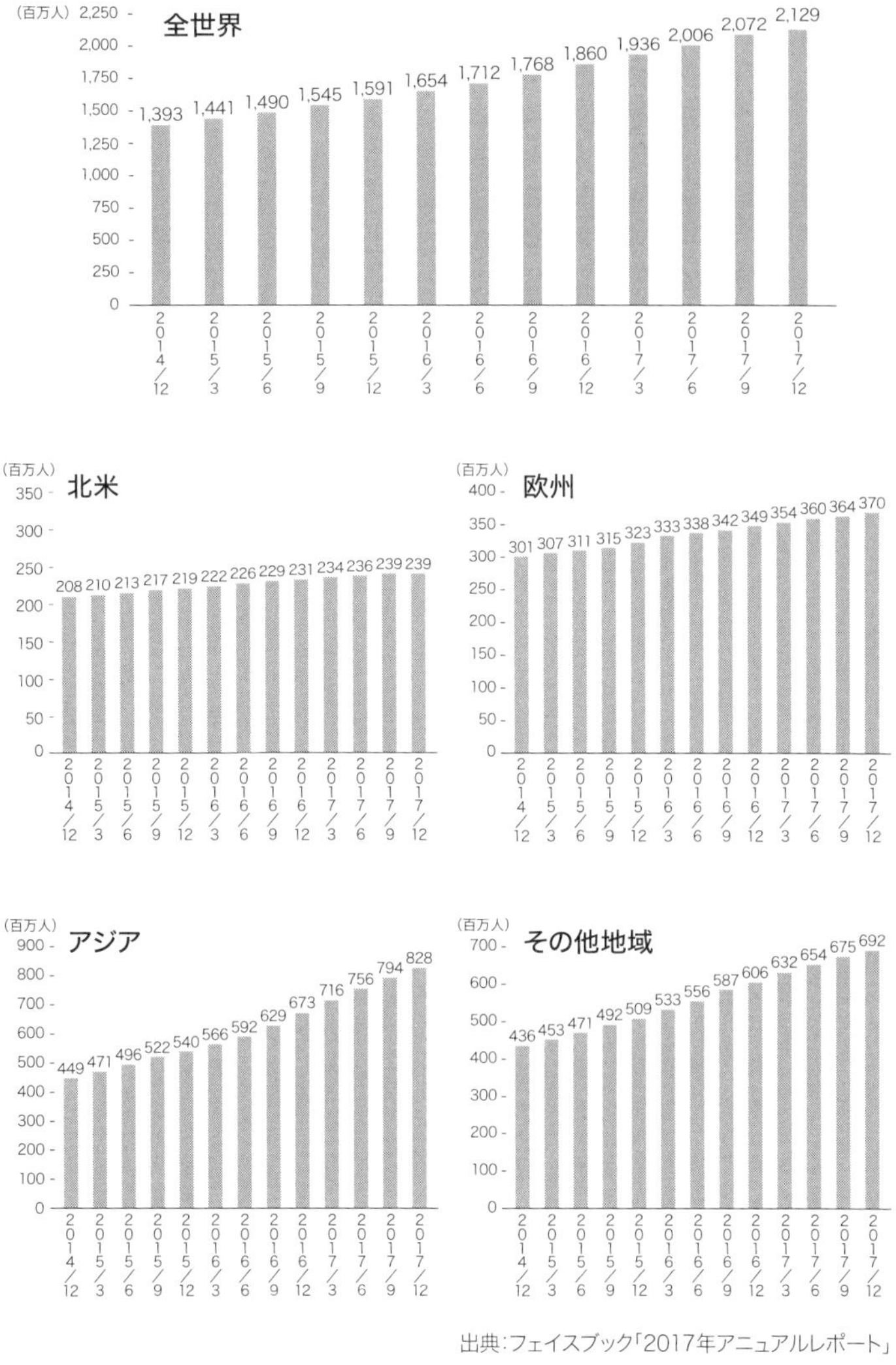

出典:フェイスブック「2017年アニュアルレポート」

図3-2
世界の主要なSNSのMAU数(2017年9月17日〜12月16日)

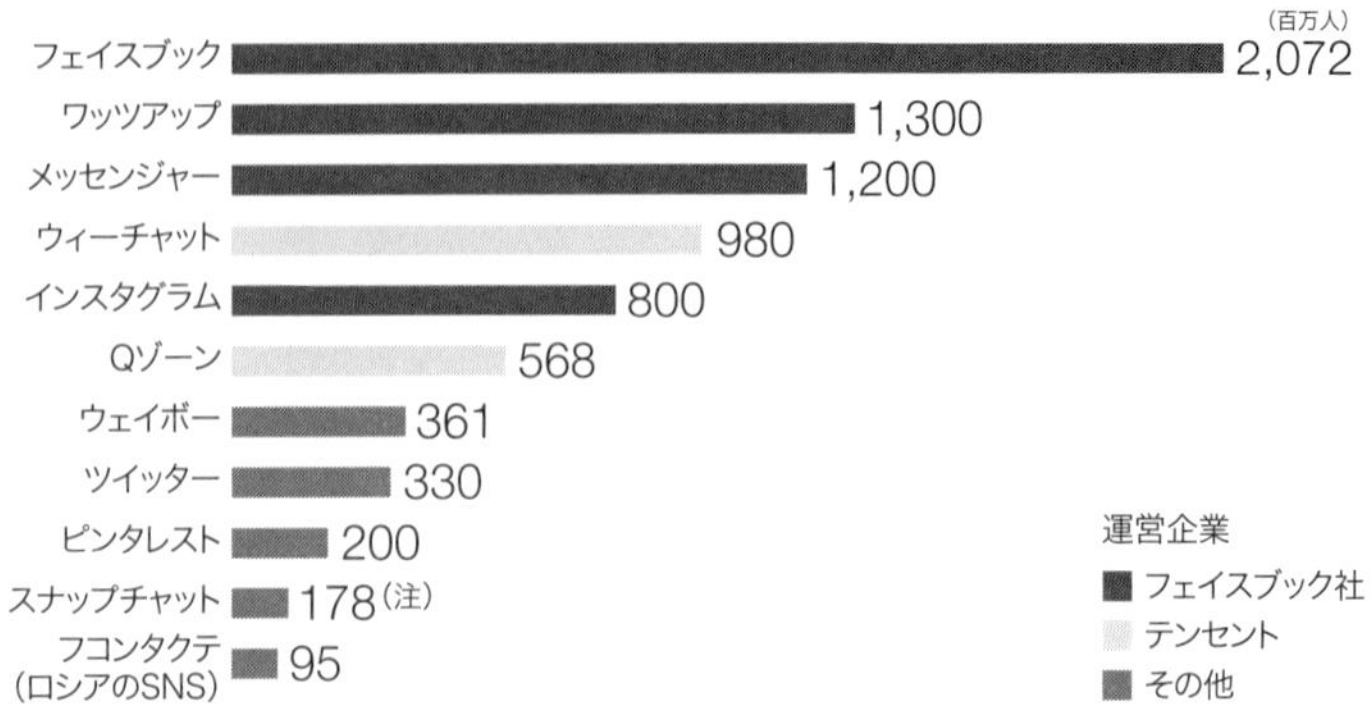

(注)ここのみ1日1回以上ログインするユーザー(DAU)数
出典:「Statista調査20180126」をもとに作図

■5つの基幹サービス―― 2つのSNSと2つのメッセージアプリ、そしてVR

フェイスブック社が基幹ビジネスに位置づけているのは、フェイスブックのほかに写真投稿SNSの「インスタグラム」、メッセージアプリの「メッセンジャー」「ワッツアップ」、そしてVR(バーチャル・リアリティ、仮想現実)ヘッドセットなどを手がける「オキュラス」の5つです。

インスタグラムについては、ここで改めて仕組みや機能について説明するまでもないでしょう。

フェイスブックはインスタグラムを2012年に10億ドルで買収しています。当時すでに写真を中心とする独自路線で人気を集めていたSNSですが、その後、人気が爆発。日本でもインスタグラムの存在感は大きく、「インスタ映え」する写真が撮れる場所やモノ・サービスが若者を中心に高い人気を集める状況になっています。

ワッツアップは日本ではあまり知られていませんが、２０１４年にフェイスブックが総額２１８億ドルを投じて買収しました。当時は、氏名、住所、電子メールアドレスといった個人情報を取得せず広告を表示しないというワッツアップのビジネスモデルが幅広い支持を得ており、買収時にはＭＡＵが６億人を超えていたといわれています（日経クロステック「Facebookが WhatsApp 買収手続きを完了、総額２１８億ドル超に」２０１４年10月7日）。つまりフェイスブックは、もともとの自社のメッセージアプリであるメッセンジャーのほかに、**ワッツアップという強力なメッセージアプリも持っている**わけです。

英国に本社があるソーシャルメディアのマーケティング企業 We Are Social 社のレポート「Digital in 2018」によると、ワッツアップは日本、北米やオーストラリア、中国などを除く世界各国でトップシェアを持っており、広く使われています。なお、日本ではＬＩＮＥがシェアトップですが、北米やオーストラリアなどではフェイスブックメッセンジャーが優勢。中国では、本章で取り上げるテンセントが提供するウィーチャットが圧倒的なシェアを持っています。

オキュラスは２０１４年にフェイスブックが20億ドルで買収した企業です。ＶＲやＡＲ（オーグメンテッド・リアリティ＝拡張現実）の技術に強みがあり、ＶＲヘッドセットの開発・

製造・販売を手がけています。同社は「現実では不可能な架空の体験を提供する」ことをミッションとしています。

念のためご説明しておくと、VRというのは視野を覆うゴーグルのような形状のヘッドセットを使い、眼前のディスプレイに映し出される高解像度の映像世界をあたかも現実かのように感じさせる技術のことです。高度なVR技術があれば、人間の脳はディスプレイに映し出されたものが目の前に存在するかのように錯覚します。VRが発達すれば、場所や移動手段の制約を超え、人々にさまざまな体験を提供できるようになるでしょう。

一方、ARというのは、現実世界で見えているものに新たに情報を重ねる技術のことをいいます。たとえば専用のメガネをかけると目の前の風景にテキストによるメッセージが重なって見えたり、3Dのキャラクターがいるように見えたりします。スマホのカメラを通じ、スマホ画面で見る風景の中にキャラクターが現れるのもAR技術によるものです。社会現象になったスマホゲーム「ポケモンGO」では街の風景の中にモンスターが現れましたが、これは当時としてはAR技術の画期的な活用法だったといえるでしょう。

フェイスブックは、オキュラスを傘下に収めることで何を実現しようとしているのでしょうか？　フェイスブックで長年マーケティング部門などの責任ある立場にいたマイク・ホフリンガーは、著書『フェイスブック　不屈の未来戦略』（TAC出版）の中でVRが何を可能にするのか、具体的な例を挙げています。

「友人が旅行先のイタリアで撮影した360度の動画を3Dで体験できる」

「NBAの試合をコート脇から観戦できる」

「地球の反対側に位置する小さな町に住んでいたとしても、有名な大学教授の講義を教室の最前列で聞くことができる」

「映画を見るのではなく、その世界に入り込むことができる」

「実際に訪れなくても、難民キャンプの状況を肌で感じ、心揺さぶられる体験をすることができる」

「何千マイルも離れたところにいる人と、まるで同じ部屋にいるように話したり、仕事をしたりすることもできる」

もちろん、このような未来はすぐには実現しないでしょう。VR技術はまだ発展途上にありますし、ヘッドセットなどの普及にも時間がかかるかもしれません。2019年1月、ラスベガスで米国最大のコンシューマーエレクトロニクス関連の展示会「CES2019」が開催されました。私も参加しましたが、ここでは**2019年にはVR／AR搭載機器の出荷はいった**

ん3%程度減少し、本格的な普及は2年ほど先になるという予測が出されました。

しかし、VRが普及し始めれば、人々のコミュニケーションのあり方は大きく変わります。同書によれば、オキュラスの買収に際してフェイスブックの創業経営者マーク・ザッカーバーグは「いつの日か、こうした没入的な拡張現実（AR）は、何十億人もの人々にとって普段の生活の一部になる」と語ったといいます。

なお、オキュラスの技術を活用したサービスとしては、2017年に「フェイスブック スペーシーズ」が公開されています。同サービスは、友達と仮想空間で一緒に過ごすことができるVRアプリです。フェイスブックの友達を3名まで招待し、VR機器を使用してやり取りできます。

マーケティング・プラットフォームとしての圧倒的存在を目指す

フェイスブックは新しいサービスを次々に投入しています。2018年には360度写真を撮影・投稿できるようにしたり、動画サービス「フェイスブック ウォッチ」の提供を開始したりしました。特に近年、ザッカーバーグは動画をメガトレンドの1つと位置づけ、動画関連サービスの強化に取り組んでいます。

しかし、一つひとつのサービスの詳細を追っていても、フェイスブックの全体像は見えづらいでしょう。フェイスブックとは、どんな企業なのか？

私がひと言で表すなら、**「人と人がつながるためのプラットフォームを提供し、より多くの人々をプラットフォーム上に集めてデータを収集し、最適化した広告で稼ぐ」**企業です。フェイスブックもメッセンジャーもインスタグラムも、そこで展開する動画・AR・VRサービスも、すべては人をつなげ、膨大な個人のデータを収集し、より効果的な広告を可能にすることでマーケティング・プラットフォームとして圧倒的な地位を築くことを目指したものといえます。

私たちがふだん使っているフェイスブックやメッセンジャーの画面では、マーケティング・プラットフォームとしてのフェイスブックの姿はあまり見えません。せいぜい、フェイスブックやメッセンジャーの画面上に広告が表示されるのを目にする程度でしょう。

しかしフェイスブックでマーケティングしたい企業や個人に向けた「フェイスブック　ビジネス」のサイトを見れば、フェイスブックがどのような会社なのかが腹に落ちてくるはずです。そこには、製品・サービスなどの認知度向上や需要喚起、売り上げアップのため、フェイスブックが提供するサービスをどう活用すればよいのかが詳しく紹介され、実際にすぐ利用できるようになっているほか、成功事例として中小企業から大企業まで幅広い業種のケーススタディも掲載されています。

日本国内の例を見ると、ソフトウエア開発を手がけるサイボウズ社がデータベース型のクラウドビジネスアプリ「キントーン」の試用申し込み促進のためにフェイスブック広告を活用したキャンペーンを展開し申し込み数を前年度比2倍に伸ばしたケースや、モスバーガーが若年層向けにフェイスブックとインスタグラムの動画広告を採用し広告配信前より売り上げ件数を1・3倍に増加させたケースなど、多種多様な事例を詳しく知ることができるのです。

ちなみに、フェイスブックの強みは、**自社の媒体にとどまらず広告を配信できる**ところにもあります。「オーディエンス　ネットワーク」という同社のサービスを利用すると、同社が提携するアプリにも広告を配信できるのです。その広告ももちろん**フェイスブックユーザーのデータに基づいて最適化され、表示**されます。

こうした状況を理解していれば、企業などがマーケティングを考える際、フェイスブックの存在を無視することはできないはずです。

02 フェイスブックの5ファクターは

「道」「天」「地」「将」「法」で戦略分析

さて、フェイスブックについて概略を押さえたところで同社の「道」「天」「地」「将」「法」を見てみましょう。図3-3をご覧ください。

■フェイスブックの「道」

フェイスブックは従来、「making the world more open and connected（世界をよりオープンにし、つなぐ）」というミッションを掲げていました。しかし2017年にミッションを変更し「give people the power to build community and bring the world closer together（人々にコミュニティーを構築する力を提供し、世界のつながりを密にする）」としています。

ミッション変更に際して、創業経営者であるマーク・ザッカーバーグは、「かつて人と人とを繋げるサポートをすることで自然と世界はより良くなると考えていましたが、世界は未だに分断したままです」「『人と人との繋がりをサポートし、よりオープンで繋がった世界を実現する』というこれまでのミッションをさらに進化させ、『ただ繋げるのではなく、人と人がより身近になるような世界を実現することに注力する必要があります』とコメントしています（フェイスブック社 newsroom ／２０１７年６月26日）。

この**「人と人がより身近になる」**という言葉からは、コミュニティーを今まで以上に強化していくというザッカーバーグの強い意志が読み取れます。そして「人と人がより身近になる」ための施策として発表されたのが、「フェイスブック　グループ」の機能強化です。

フェイスブック　グループはフェイスブックが初期から提供しているサービスで、趣味やビジネスなど共通のテーマの下にメンバーを集め、情報を共有したり交流できたりするツールです。グループは公開範囲を選択可能で、検索対象となり投稿が誰でも読める「公開グループ」のほか、検索対象にはなるもののメンバーにならないと投稿が読めない「非公開グループ」、検索対象とならずメンバー以外には投稿が非公開の「秘密のグループ」の作成が可能です。緊密なコミュニティーをつくるためのツールといえますから、「人々にコミュニティーを構築する力を提供」するというミッションにおいて重要な役割を担うことは間違いありません。

なお、フェイスブック　グループに関して注目したいのは、機能強化の一環として**サブスク**

図３-３

5ファクターメソッドによる「フェイスブックの大戦略」分析

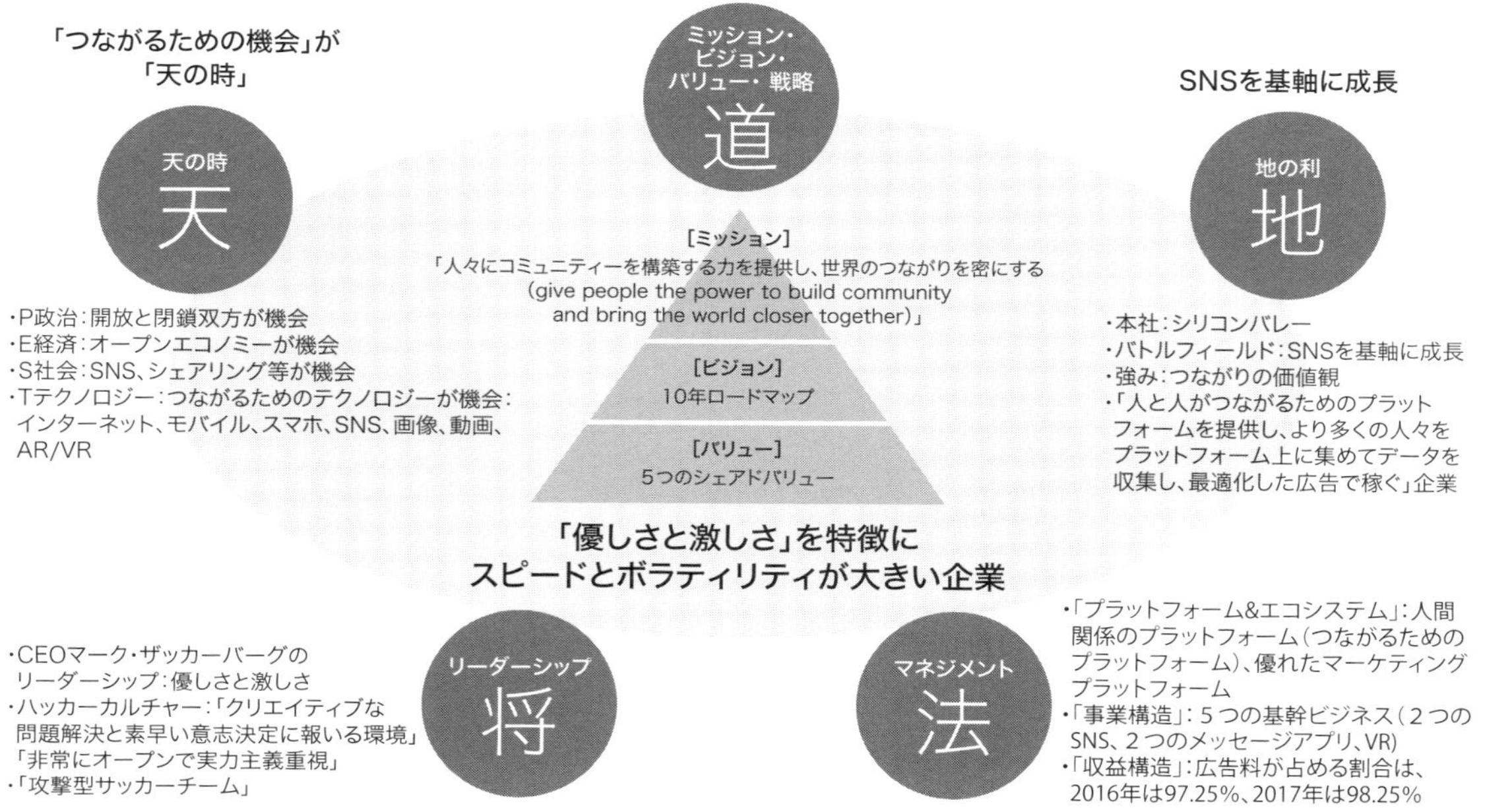
「つながるための機会」が
「天の時」
天の時
天
・P政治：開放と閉鎖双方が機会
・E経済：オープンエコノミーが機会
・S社会：SNS、シェアリング等が機会
・Tテクノロジー：つながるためのテクノロジーが機会：
インターネット、モバイル、スマホ、SNS、画像、動画、
AR/VR
ミッション・
ビジョン・
バリュー・戦略
道
[ミッション]
「人々にコミュニティーを構築する力を提供し、世界のつながりを密にする
(give people the power to build community
and bring the world closer together)」
[ビジョン]
10年ロードマップ
[バリュー]
5つのシェアドバリュー
「優しさと激しさ」を特徴に
スピードとボラティリティが大きい企業
SNSを基軸に成長
地の利
地
・本社：シリコンバレー
・バトルフィールド：SNSを基軸に成長
・強み：つながりの価値観
・「人と人がつながるためのプラット
フォームを提供し、より多くの人々を
プラットフォーム上に集めてデータを
収集し、最適化した広告で稼ぐ」企業
リーダーシップ
将
・CEOマーク・ザッカーバーグの
リーダーシップ：優しさと激しさ
・ハッカーカルチャー：「クリエイティブな
問題解決と素早い意志決定に報いる環境」
「非常にオープンで実力主義重視」
・「攻撃型サッカーチーム」
マネジメント
法
・「プラットフォーム&エコシステム」：人間
関係のプラットフォーム（つながるための
プラットフォーム）、優れたマーケティング
プラットフォーム
・「事業構造」：５つの基幹ビジネス（２つの
SNS、２つのメッセージアプリ、VR）
・「収益構造」：広告料が占める割合は、
2016年は97.25%、2017年は98.25%

リプション（定期購入）サービスの導入を進めていることです。これによりグループの管理者はメンバーに定額課金して有料のコンテンツを提供できるようになり、フェイスブックとしてはユーザーに「コミュニティーを構築する力を提供」することに加え、広告料収入以外の収益源を増やすことができるわけです。

サブスクリプションは近年、継続的に安定した収益が得られるビジネスモデルを構築する手段として注目されており、さまざまな業種で導入が進んでいます。もっとも、その本質は、そのサービスを提供する側とサービスの提供を受けるメンバーとの間での親密な関係性構築であると指摘されています。フェイスブック　グループが世界で10億人が利用するサービスであることを考えると、同サービスへのサブスクリプション導入が持つ意味は非常に大きいといえるでしょう。

■フェイスブックの「天」

フェイスブックは、そのミッションから「人々にコミュニティーを構築する力を提供し、世界のつながりを密にする」機会を「天」ととらえていると考えられます。インターネット、スマホなどのモバイル機器はもちろん、３６０度動画やＡＲ／ＶＲといった技術の発達もフェイスブックにとっての「天」といえるでしょう。

もう1つ、フェイスブックにとっては「閉じていく大国と開いていくメガテック」という構図もまた、「天」だと考えられます。

経済学者・水野和夫氏の著書『閉じてゆく帝国と逆説の21世紀経済』（集英社）では、導入で「グローバリゼーションを否定するかのような動きが先進国の国民のなかで急速に広がっています。イギリスの国民がＥＵ離脱を選択し、アメリカでは不法移民の国外追放や外国製品に対する関税引き上げを唱えていたトランプを大統領に押し上げたことで、その潮流は誰の目にも明らかになりました」「これは世界に対して『閉じる』という選択です」と述べられています。

その一方、グーグル、アマゾン、フェイスブックといったグローバル企業は、国境を越え、産業間の垣根を越え、ネットとリアルの境界を越えて人々をつなげているのです。こうして**グローバルに「開いて」いくことにより、ある面では国家を超える影響力を持つ**までに至っています。

フェイスブックにとっては、「開いていくメガテック」という流れがビジネス拡大を後押しするのはもちろんですが、**「閉じていく大国」という流れもまたビジネスチャンス**になっているといえます。２０１６年の米国大統領選挙では、フェイクニュースが拡散し、それがトランプ大統領を生み出したともいわれます。つまりフェイスブックのような巨大なＳＮＳは、閉じたコミュニティーの中でもそのつながりを強める機能を担い、存在感を高めていくことができるわけです。

図3-4
フェイスブック社の10年ロードマップ

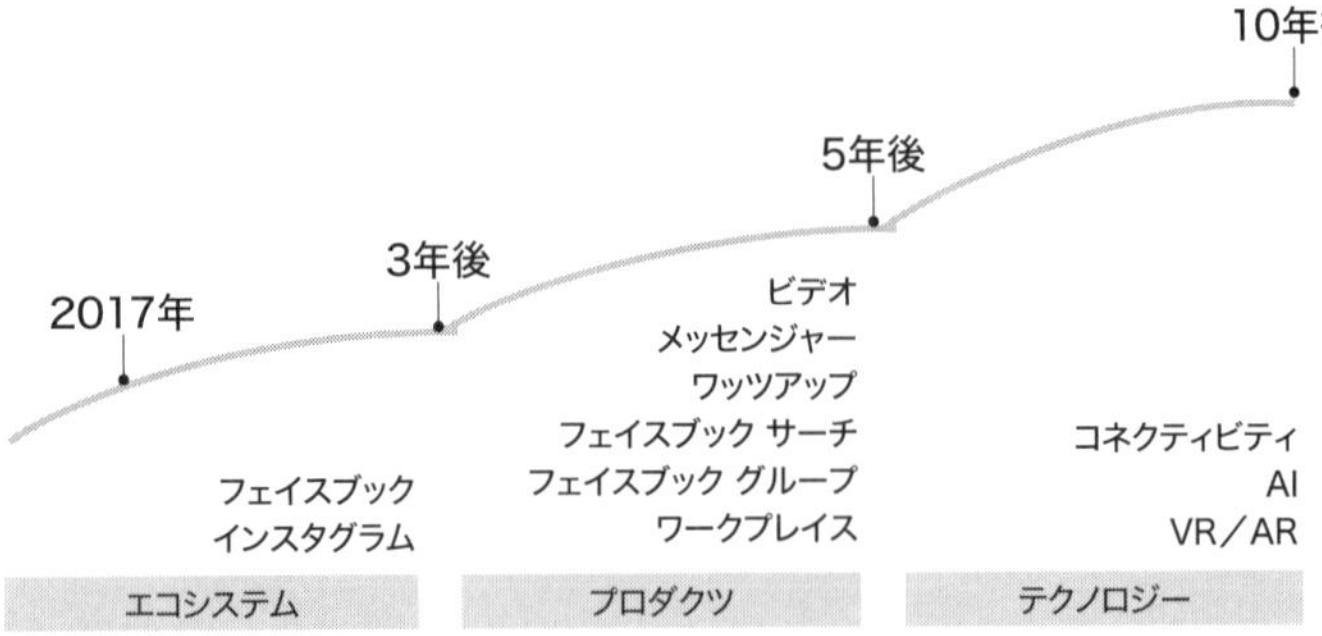

出典：開発者カンファレンス「F8」2017（2日目、2017年4月19日）でのFacebook最高技術責任者（CTO）マイク・シュローファー（Mike Schroepfer）の基調講演資料をもとに筆者作図
参照：フェイスブック社のnewsroom

世界の「開放」と「閉鎖」の双方をビジネスチャンスにできるのは、フェイスブックの大きな強みだと見ることもできるでしょう。

■フェイスブックの「地」

フェイスブックの事業領域は、やはりＳＮＳが基軸です。人と人との「つながり」こそがフェイスブックが提供する価値であり、ユーザーからも共感を得ているところだと考えられます。そして人と人とのつながりを築き、強めるためのツールとしてテキストから写真、動画、さらにはＡＲ／ＶＲへと時代に合わせた機能を提供し、同時にマーケティング力を高めてきているわけです。

図３－４は、フェイスブックが２０１７年９月に示した向こう10年のロードマップをもとに重要ポイントと考えられる要素をまとめたものです。

このロードマップからは、足元の3年ではフェイスブック、インスタグラムでしっかりとエコシステムを構築し、次の5年でメッセンジャーとワッツアップという2つのメッセージアプリ、フェイスブック　グループ、動画などを強化していくこと、その先には、より高速なWi-Fiやドローンなどによるコネクティビティの強化、AIやVR／ARの活用などを見据えていることがうかがえます。

【PHOTO3-1】フェイスブックの創業経営者、マーク・ザッカーバーグ。写真：ロイター＝共同

■フェイスブックの「将」

フェイスブックの「将」については、創業経営者ザッカーバーグのキャラクターに尽きます。『フェイスブック　不屈の未来戦略』によれば、ザッカーバーグは歯科医師の父親にプログラミングの基礎を教わり、子供の頃に家族6人をつなげるメッセージ送受信プログラム「ザックネット」をつくり出したといいます。自宅と父の歯科医院のコンピューターをつなごうとしたわけです。当時からザッカーバーグが「人と人とのつながり」

に価値を見出していたことがうかがえます。

ハーバード大学在学時は、まず「コースマッチ」という学内コミュニティーネットワークサービスをつくりました。続いて同じ美術史クラスのクラスメイトがノートを共有するサービスをつくり、そのクラスは試験で歴代最高得点を出しました。このような体験は、彼が**技術を駆使して人と人とのつながりを強めることの意義を感じるのに十分**だったのではないでしょうか。

その数カ月後、ザッカーバーグは「フェイスマッシュ」というサービスを開発しました。しかしこのサービスには多くの問題点がありました。サイトの趣旨は学生同士がお互いに見た目の優劣を評価するというものであり、サービス開発のためにザッカーバーグは大学の寮のローカルネットワークやインターネットをハックし、学生の写真を無断でダウンロードしたのです。これによりザッカーバーグは大学から謹慎処分を受け、キャンパスの女性グループに謝罪するはめになりました。『フェイスブック　不屈の未来戦略』ではこの件について、「サイトのプログラミングとソーシャル機能の両面で良識、著作権、プライバシーの一線を越える問題作だった」「しかし、この失敗からザッカーバーグは、常にユーザープライバシーとデータの共有管理機能を軸に置く必要性を学ぶことができた。これがなければ、2004年2月に『facebook.com』がその形で誕生することはなかったかもしれない」と記述しています。

同書では、ザッカーバーグのリーダーシップに関する言及もあります。「誰よりもミッションの達成に熱意を傾けているが、それを周囲には、言葉ではなく、やって見せることで伝えている」「フェイスブックの内部にも外部にも、自らの行動でビジョンを示す。ザックネットの開発から、『facebook.com』の開発に至るまで、他人がただ待ってながめているだけの時間、彼はまず自分から動いた」「フェイスブックの社内に貼ってあるポスターには『恐れがなかったら何をするか?』と書かれている。ザッカーバーグはこの文章が何を意味するか、自ら体現している」というのが、彼のもとで働いたマイク・ホフリンガーの見立てです。

私が注目すべきだと考えているのは、ザッカーバーグの言動の随所に見て取れる「激しさ」です。それがプラスに働いた局面ではフェイスブックに急成長をもたらしましたが、個人情報保護に関する疑義が出たときにそれを軽視する態度をとって問題視されたことは皆さんご存じでしょう。このような**彼の冷静さを欠く対応は、フェイスブックという企業の評価を著しく低下させる要因**にもなりました。

■**フェイスブックの「法」**

フェイスブックの「法」については、「人と人がつながるためのプラットフォームを構築し、広告で収益を得る」ビジネスモデルとまとめることができます。

先にも触れた通り、フェイスブックは一般ユーザーにとっては日々接するSNSですが、企業や団体にとってはマーケティング・プラットフォームの役割を担っています。フェイスブックの売り上げのうち広告料が占める割合は、2016年は97・27%、2017年は98・25%でした。将来的にはサブスクリプションが収益の柱の1つに育つ可能性もありますが、当面は**「ほぼすべて広告収入によって成り立っている会社」**と理解しておけば問題ないでしょう。

ここまで、フェイスブックがどのような事業を行っている企業なのか、そしてフェイスブックの5ファクターを見てきました。全体のイメージを把握したところで、個別に押さえておきたい論点を見ていきましょう。

03 「ハッカーウエー」を標榜する理由

経営者の大胆さを具現

フェイスブックのウェブサイトには、同社の文化について「ハッカーカルチャー」であるという記載があります。その意味するところは、**「クリエイティブな問題解決と素早い意志決定に報いる環境」**だと説明しています。

ハッカーというのは、一般には悪い意味で使われることが多い言葉です。高い技術を持ち、それを悪用してシステムやネットワークに侵入して悪事を働くというイメージを持っている人が多いのではないでしょうか。しかし、フェイスブックはあえて「ハッカー」という言葉を多用しています。シリコンバレーのフェイスブック本社所在地は「1 Hacker Way」で、社員が集まるカフェテリア近くの大きな広場は「Hacker Square」と名づけられ、地面には大きく「HACK」の文字。広場に面するビルには、「The HACKER Company」という看板まで掲げられているのです（日経ビジネスオンライン「フェイスブック新本社は丸ごと『ハッカー精神』の塊だった」２０１２年11月29日）。

ハッカーカルチャーについては、２０１２年にフェイスブックが上場する際、米証券取引委員会に提出した申請書類に添付されていたザッカーバーグの手紙でも丁寧に言及されています。少々長くなりますが、ここで該当部分を見てみましょう。

＊＊＊

強い会社を作る一環として、私たちはフェイスブックを、優秀な人材が世界に大きなインパクトを与え、他の優秀な人材から学ぶための最良の場所にしようと懸命に努力しています。私たちは「ハッカーウエー」と呼ぶ独自の文化と経営手法を育んできました。

「ハッカー」という言葉はメディアでは、コンピューターに侵入する人びととして不当に否定的な意味でとらえられています。しかし本当は、ハッキングは単に何かを素早く作ったり、可能な範囲を試したりといった意味しかありません。他の多くのことと同様に、よい意味でも悪い意味でも使われますが、これまでに私が会ったハッカーの圧倒的多数は、世界に前向きなインパクトを与えたいと考えている、理想主義者でした。

ハッカーウエーとは、継続的な改善や繰り返しに近づくための方法なのです。ハッカーは常に改善が可能で、あらゆるものは未完成だと考えています。彼らはしばしば、「不可能だ」と言って現状に満足している人びとの壁に阻まれますが、それでも問題があればそれを直したいと考えるものなのです。

ハッカーは長期にわたって最良とされるサービスを作るために、一度にすべてを完成させるのではなく、サービスを機敏に世に出し学びながら改良することを繰り返します。こうした考え方に基づき、私たちはフェイスブックを試すことができる何千通りもの仕組みを作りました。壁には「素早い実行は完璧に勝る」と書き記し、このことを肝に銘じています。

ハッキングはまた、本質的に自ら手を動かし続けることを意味します。何日もかけて「新しいアイデアは実現可能か」「最良の方法は何か」を議論するよりも、ハッカーはまず試作品を作り、どうなるかを観察します。フェイスブックのオフィスでは「コードは議論に勝る」というハッカーのマントラ（呪文）をしょっちゅう耳にするはずです。

ハッカーの文化は、非常にオープンで実力主義重視です。ハッカーは、最も優れたアイデアやその実行が、常に勝つべきだと考えています。陳情がうまかったり、多くの人を管理している人ではありません。

（日経電子版「企業文化は『ハッカーウエー』、速く・大胆に・オープンであれ
～フェイスブック上場へ、ザッカーバーグCEO『株主への手紙』2012年2月2日）

＊＊＊

この手紙の文章からは、ザッカーバーグの「ハッカーウエー」へのこだわりが強く感じられます。確かに、SNSの雄として圧倒的な地位を築く過程では、ハッカーのように機敏に動き、

新たなサービスを次々と生み出すことが必要だったのでしょう。「素早い実行は完璧に勝る」「コードは議論に勝る」といった言葉はそのままフェイスブックの強みを示していると感じます。

しかし、たとえば同じ米国のメガテックでも、グーグルやアップルが「ハッカーウエー」という言葉を掲げることをイメージできるかといえば、答えはノーです。**悪いイメージでもインパクトのある強い言葉を堂々と前面に打ち出す**ザッカーバーグという経営者の大胆さやフェイスブックの価値観がよく表れた、象徴的な言葉です。

04 メディアとしてのフェイスブック

米大統領選挙の結果を左右した？

フェイスブックについては、SNSとしてだけでなく、メディアとしての存在感の大きさについて理解しておく必要があります。

2017年2月、私は共和党系の選挙マーケティング団体「アメリカンマジョリティー」会長のネッド・ライアン氏から直接話を聞く機会を得ました。彼はジョージ・ブッシュ大統領のスピーチライターを務めたほか、２０１６年の大統領選挙でもトランプ大統領の勝利に大きな貢献を果たしたとされる人物です。

ライアン氏が政治マーケティングで重視しているのは、**「人々はオンラインで暮らしていること、「それをいかにオフラインにつなげて支持に転化できるか」**です。その理由として、彼は以下のデータを示しました。

「アメリカ人は平均して1日に85回、５時間もの時間をネットで過ごしている」
「64％のアメリカ人がスマホ所有者で、２０１２年の35％から大きく上昇している」
「ソーシャルメディアのメインはフェイスブックであり、アメリカ人の80％が利用している」
「65歳以上の62％がフェイスブックを利用しており、この数字は２０１５年の48％から大きく上昇している」
「ソーシャルメディアユーザーの88％が登録済み有権者である」
「ソーシャルメディアでの30コメントが、国会議員の注意を引くのに十分な数となる」

少々データが古いとはいえ、これは今見てもインパクトのある数字です。

フェイスブックについては、日本では若者があまり積極的に使っていないというイメージもありますから、その影響力を重く見ていない人も多いかもしれません。

しかし米国においては、メディアとして非常に強大なパワーを持っているのです。

メディアとしてのフェイスブックのパワーを示すデータは他にもあります。２０１７年１月に米国のシンクタンク「Pew Research」が実施した、前年の大統領選挙期間中に有権者がどのようなメディアを見ていたのかに関する調査結果では、１位がＦＯＸ（19％）、２位がＣＮＮ（13％）、そして３位はフェイスブック（８％）だったのです。ちなみに４位はローカルＴＶ、５位はＮＢＣ、ＭＳＮＢＣ、ＡＢＣとなっており、主要メディアを抑えてフェイスブックが上位に入っていることがわかります。

さらにいえば、ライアン氏は政治マーケティングの大家であり、その彼が「主要メディアよりもソーシャルメディアのほうが有権者の獲得にはより重要になっている」と判断していることは見逃せません。

彼は消費者マーケティングの理論と実践にも詳しいのですが、「消費者マーケティングで消費者がソーシャルメディアの影響を受けている以上に、有権者はソーシャルメディアを通じて友人の口コミからの影響で選挙行動を行うようになっている」と指摘しています。つまり、自分がフェイスブック上で友達になっている人やフォローしている人がフェイスブックで「いいね」をつけたりシェアしたりしている記事を積極的に読み、その影響を受けて選挙で行動している人が多いということです。

そして大統領選挙後、フェイスブックでロシアが関与したとされるフェイクニュースが流れ、それがシェアされて選挙結果に影響を与えたとして、フェイスブック社は批判を浴びることになりました。ザッカーバーグは、フェイスブック上のフェイクニュースはごくわずかであり、「それが何らかの形で選挙に影響を与えたと考えるのは非常にばかげた発想だと思う」とコメントしたほか、**「フェイスブックはメディアではない」と抗弁**もしました（CNET Japan「Facebookが米大統領選の結果に影響？」２０１６年11月14日）。

しかし、現実のフェイスブックのメディアとしての影響力を考えれば、その言葉に納得できない人は多いのではないでしょうか。実際に、フェイスブックはその後さらに大きな批判にさらされていく展開となっています。

05 相次ぐ個人情報漏洩問題。打開策は？

「つながる時代」から「データの時代」への対応

フェイスブック社に関しては、個人情報漏洩問題の影響を注視する必要があります。

２０１８年３月、トランプ大統領が誕生した選挙において、フェイスブックから不正に取得された個人情報が利用されたという疑惑が浮上しました。イギリスのケンブリッジ大学の研究者がフェイスブック上の性格診断クイズを通じて得た個人情報を、選挙コンサルティング会社であるケンブリッジ・アナリティカが不正に取得し、フェイスブックを通じてユーザー心理を操作したのではないかと疑われたのです。この疑惑によりザッカーバーグは公聴会に招致され、５時間にわたり議員たちに詰問されることになりました。

同年９月には、フェイスブックユーザー３０００万人の個人情報が流出。12月には、スマホ内の写真が外部のアプリ開発会社に流出しうる状況が生じ、最大で６８０万人が影響を受ける恐れがあると発表されました。その上、フェイスブックがアップルやアマゾン、マイクロソフトなど約１５０社とユーザーデータを共有しており、これらの企業が連絡先へのアクセスや個人メッセージの中身などを見ることが可能だったことが大きく報道され、波紋を呼んでいます。このように次々問題が発覚しているのは、ザッカーバーグの認識の甘さ、そして彼の持つ激しさがネガティブな方向に顕在化してしまったことによるものであると私は考えています。

フェイスブックは膨大な個人情報をベースに高度なマーケティングを実現し、広告ビジネスで莫大な収益をあげています。しかしこの状況がいつまでも許されるかどうかは不明です。フェイスブックによるデータの寡占に対する懸念は日増しに高まっており、何らかの規制をかけるべきだという議論も各国で盛んになってきています。

「プライバシーへの配慮」に対する各国の意識の高まりは、ＣＥＳ２０１９でも強く感じることができました。ＣＥＳでは、２０１０年からの10年を「つながる時代」と表現し、フェイスブックを代表とするＳＮＳは人と人がつながることに大きく貢献したと指摘しました。そして２０２０年からの10年を「データの時代」と表現し、これからはありとあらゆるものからデータが取得されるようになると予測したのです。データの重要性については、ここで改めて強調することは不要だと思いますが、ＣＥＳ２０１９で際立っていたのは、セッションの参加者の多くがデータ取得に関して「プライバシーへの配慮」を指摘していたことです。これは前年まではなかったことです。プライバシーに関しては、欧州で進展している「一般データ保護規則（ＧＤＰＲ）」よりも、個人情報の不正流用問題が起きたフェイスブックの事例を挙げる向きが多く、米国テクノロジー業界全体にフェイスブック問題が大きな影響を与えていると実感しました。「ハッカーカルチャー」による「クリエイティブな問題解決と素早い意志決定に報いる環境」では対応できていない厳しい状況。度重なる問題を抜本的に解決し、顧客や社会からの信頼を回復していくためには、企業ＤＮＡの刷新までもが必要なのかもしれません。

なお、２０１９年3月6日、ザッカーバーグが自身のフェイスブックページにおいて、**「ソーシャルネットワークのためのプライバシー重視のビジョン」**と題する長文の投稿を公開しました。これまでのオープンプラットフォーム型から、テンセントやＬＩＮＥがより大きな強みを誇示してきたような、仲間内での交流を重視した**メッセンジャー型プラットフォームへシフトするという宣言**です。そこでは、プライベートなやりとりや安全性の重視、投稿内容の長期記録性の減少化などから構成される新たなプラットフォームの原則も明らかにされていました。短期的には事業展開や収益面で大きな影響を受けることを覚悟する、強烈な内容です。フェイスブックが**生き残りをかけて生まれ変わろうとしている**と感じました。第2章のアップルの解説でも強調しましたが、これで米国やその他の国々でも、プライバシー重視の傾向がさらに強まってくることが予想されます。日本企業でも早急な対応が求められます。

Tencent

06 テンセントの事業の実態は？

テクノロジーの総合百貨店

続いて取り上げる騰訊控股（テンセント）は、中国で**アリババと株式時価総額トップの座を争う巨大企業**です。ＳＮＳで急成長したことから、テンセントを「中国のフェイスブック」と呼ぶ人もいます。

しかしテンセントについては、知れば知るほどフェイスブックとの違いが際立ちます。フェイスブックがＳＮＳで強固な基盤を築くことに特化して広告で稼ぐというビジネスを展開しているのに対し、**テンセントの事業領域はSNSを起点にしながらも非常に幅広く、**ゲームなどのデジタルコンテンツの提供、決済などの金融サービス、ＡＩによる自動運転や医療サービスへの参入、アマゾンのＡＷＳのようなクラウドサービス、アリババと真っ向から勝負する「新小売」の店舗展開など多岐にわたります。

テンセントとはどのような企業なのかをひと言で述べるなら、「テクノロジーの総合百貨店」ということになるでしょう。

■10億人以上のMAUをたたき出すQQ、ウィーチャット、Qゾーン

テンセントのビジネスの中核を成すのは、同社が「コミュニケーション&ソーシャル」と位置づける「QQ」「ウィーチャット」「Qゾーン」などのサービスです。QQは主にPC向けのメールのようなサービス、ウィーチャットはモバイル向けのメッセージアプリ。フェイスブックでいえば、ウィーチャットはメッセンジャーやワッツアップに相当すると考えていいでしょう。Qゾーンはブログを書いたり写真を共有したりできるSNSで、フェイスブックのようなものです。

テンセントのMAUは2018年6月末時点でQQが約15億人、ウィーチャットが約10億人、Qゾーンが約11億人と発表されています。重複するユーザーが多数いることを考慮しても、MAUが20億人を超えるフェイスブックに迫るレベルでユーザーを獲得していることが窺えます。

なお、フェイスブックは世界各地にユーザーを広げていますが、テンセントのSNSのユーザーは主に中国です。中国の人口は約14億人ですから、ウィーチャットのユーザーが10億人と

図3-5

テンセントは「コミュニケーション・プラットフォーム」の会社

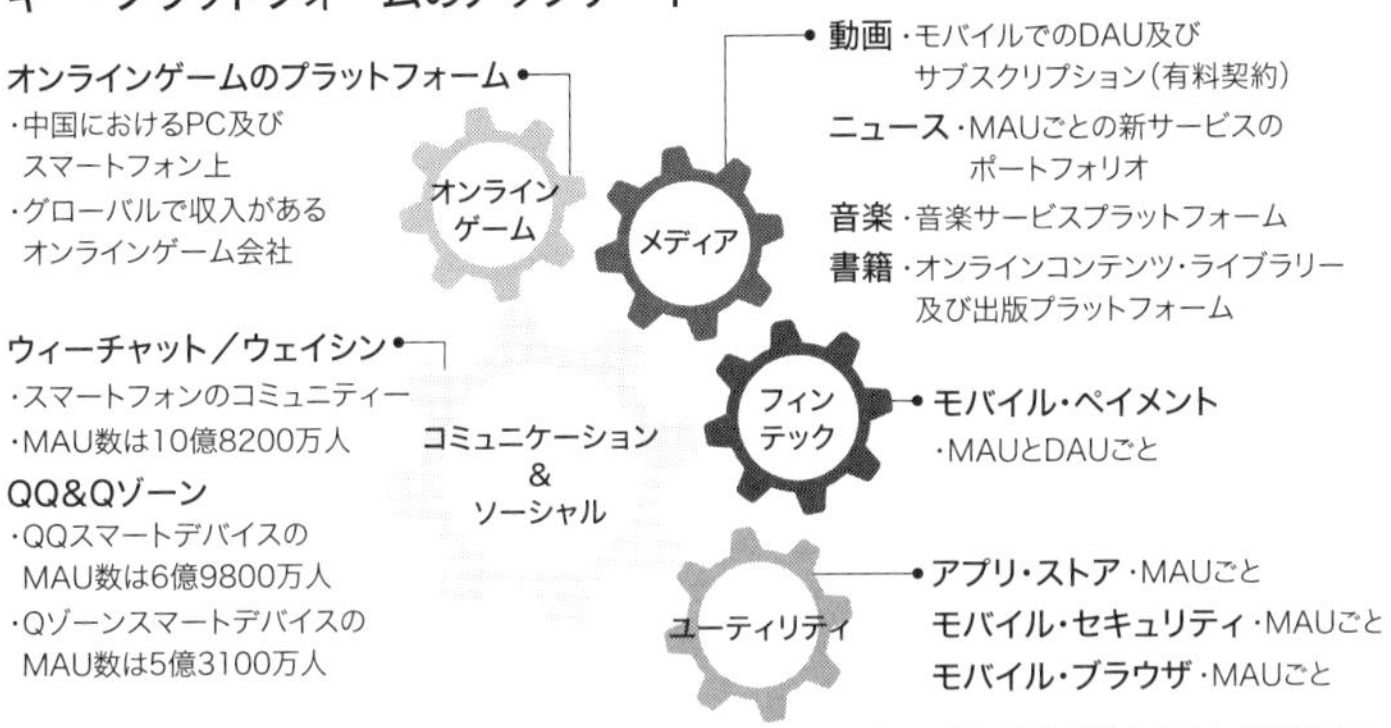

出典：2018年第3四半期結果プレゼンテーション（2018年11月14日付け）をもとに筆者作図

いう数字は、いかにテンセントのモバイルコミュニケーションサービスが中国社会に広がっているかを示すものといえます。

■SNSをテコにゲームや決済サービスを展開

中国国内でコミュニケーションのインフラ企業となったテンセントは、SNSをテコに幅広く事業領域を拡大しています。

図3－5は、テンセントが2018年第3四半期のIR資料で公表したものです。この図ではウィーチャットやQQ、Qゾーンなどの「コミュニケーション&ソーシャル」の歯車を中心に、「オンラインゲーム」「メディア」「フィンテック」「ユーティリティ」の歯車が連動するイメージが描かれています。つまりテンセントは、SNSで獲得したユーザーに対し、ゲームや動画、ニュー

ス、音楽、文学といったコンテンツや決済サービス、アプリケーションのストアなどを提供しているわけです。

テンセントは、これらのサービスの一部でユーザーに課金し、それを総称してVAS（Value Added Service、付加価値サービス）と呼んでいます。そしてテンセントの売上高の実に65％はVASによるものなのです。

特にテンセントの事業の中で存在感が大きいのは、ＰＣやスマホ向けに提供しているオンラインゲームです。テンセントをよく知る人であれば、同社に対して「オンラインゲームで大きくなった会社」というイメージを持っているかもしれません。

特に２０１５年に投入したオリジナルゲーム「Honor of Kings」は１億を超えるダウンロードを記録し、社会現象になりました。２０１７年には共産党中央機関紙「人民日報」が「テンセントは有為な若者たちを中毒に陥れる社会悪を作っている」（『二〇二五年、日中企業格差』近藤大介／ＰＨＰ新書）と非難したほどで、テンセントは未成年ユーザーへの使用時間制限をかけざるを得なくなりました。オンラインゲームでは、もちろんゲーム内課金があります。ゲームユーザーはゲーム内で使える武器などのアイテムやアイコンなどを購入して楽しむのです。これが同社のＶＡＳにおいて大きな売り上げにつながっています。

もう１つ、アリババの「アリペイ」を猛追しているモバイル決済の「ウィーチャットペイ」

もテンセントの事業の中で目を引く存在です。QRコードによる店舗での支払いや個人間送金のほか、Eコマースでの支払いなど幅広いシーンで使われています。

もともとアリペイがかなり普及しているところにテンセントがウィーチャットペイで殴り込みをかけた構図になっているわけですが、中国国内のモバイル決済のシェアは足元ではアリペイとウィーチャットペイがほぼ拮抗した状況という報告もあります（「易観国際　中国ITマンスリーニュース2018年1・2月」参照）。これほどテンセントが追い上げているのは、ウィーチャットペイがウィーチャットのアプリの中にある「ウオレット」という機能からすぐに利用できるためでしょう。やはりコミュニケーションのインフラを握っていることが強みになっていると考えられます。

なお、テンセントは2017年アニュアルレポートでこれから戦略的に強化する事業分野を6つ挙げています。それは**「オンラインゲーム」「デジタルコンテンツ」「ペイメント関連・インターネット金融サービス」「クラウド」「AI」「スマート・リテール」**です。特にAIとスマート・リテールについては、テンセントの今後の方向性が見て取れる事業といえますので、後述します。

07 テンセントの5ファクターは

「道」「天」「地」「将」「法」で戦略分析

続いて、フェイスブックと同様に5ファクターメソッドを使ってテンセントを分析してみましょう。図3-6をご覧ください。

■テンセントの「道」

テンセントは「improve the quality of life through internet value-added services（インターネットの付加価値サービスによって生活のクオリティを向上させる）」というミッションを掲げています。

このミッションの中で注目すべきは「生活のクオリティ」という部分です。

フェイスブックのミッションでは「つながり」がキーワードになっていました。つまりフェ

図3-6

5ファクターメソッドによる「テンセントの大戦略」分析

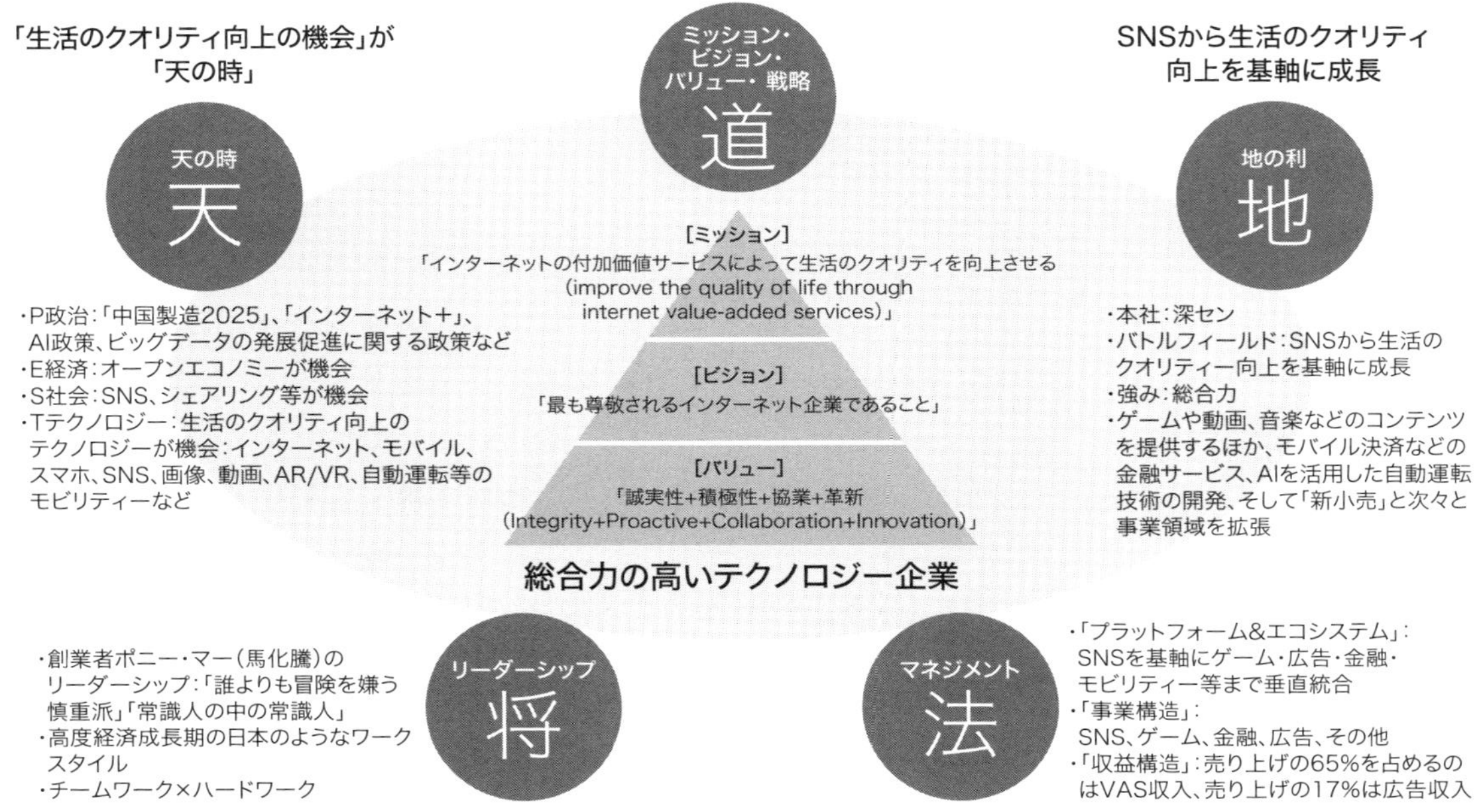
「生活のクオリティ向上の機会」が
「天の時」
天の時
天
・P政治：「中国製造2025」、「インターネット＋」、
AI政策、ビッグデータの発展促進に関する政策など
・E経済：オープンエコノミーが機会
・S社会：SNS、シェアリング等が機会
・Tテクノロジー：生活のクオリティ向上の
テクノロジーが機会：インターネット、モバイル、
スマホ、SNS、画像、動画、AR/VR、自動運転等の
モビリティーなど
ミッション・
ビジョン・
バリュー・戦略
道
[ミッション]
「インターネットの付加価値サービスによって生活のクオリティを向上させる
(improve the quality of life through
internet value-added services)」
[ビジョン]
「最も尊敬されるインターネット企業であること」
[バリュー]
「誠実性+積極性+協業+革新
(Integrity+Proactive+Collaboration+Innovation)」
総合力の高いテクノロジー企業
SNSから生活のクオリティ
向上を基軸に成長
地の利
地
・本社：深セン
・バトルフィールド：SNSから生活の
クオリティー向上を基軸に成長
・強み：総合力
・ゲームや動画、音楽などのコンテンツ
を提供するほか、モバイル決済などの
金融サービス、AIを活用した自動運転
技術の開発、そして「新小売」と次々と
事業領域を拡張
・創業者ポニー・マー（馬化騰）の
リーダーシップ：「誰よりも冒険を嫌う
慎重派」「常識人の中の常識人」
・高度経済成長期の日本のようなワーク
スタイル
・チームワーク×ハードワーク
リーダーシップ
将
マネジメント
法
・「プラットフォーム&エコシステム」：
SNSを基軸にゲーム・広告・金融・
モビリティー等まで垂直統合
・「事業構造」：
SNS、ゲーム、金融、広告、その他
・「収益構造」：売り上げの65%を占めるの
はVAS収入、売り上げの17%は広告収入

イスブックが重視しているのは「人と人をつなげるコミュニティー」であり、これは同社の事業領域の大半をSNSが占めていることと符合します。

一方、テンセントの「インターネットの付加価値サービスによって生活のクオリティを向上させる」というミッションにおいては、「インターネットの付加価値サービス」というのはあくまでも手段であり、実は事業領域はインターネットの世界だけに限定されているわけではありません。**重要なのは「生活のクオリティを向上させる」という目的の部分**です。テンセントは「(中国人の)生活のクオリティ向上」という使命をベースに事業を展開しているため、生活にかかわるあらゆる領域へと事業を拡大しているわけです。

フェイスブックとテンセントは「SNSを中心に置いたビジネス」という切り口では似通って見えるかもしれませんが、「道」の違いに目を向けると、事業領域が大きく異なる理由が明確になります。

■テンセントの「天」

テンセントは「生活のクオリティ向上」をミッションに掲げているため、生活のクオリティ向上につながる機会を「天」として事業を展開していると考えられます。

世の中の技術の進化という点についていえば、フェイスブックもテンセントも「インターネット」「モバイル」「ソーシャルネットワーク」「画像、動画」などの発達をビジネスチャンスにしてきたといえます。加えて、テンセントの場合はより多様な産業に関連するテクノロジー、たとえば自動運転やEV、Eコマース、小売店舗といった「生活」にかかわる技術の発達もビジネスチャンスになっているのが注目ポイントです。

■テンセントの「地」

テンセントの事業領域については、SNSはあくまで基軸であり、「テクノロジーの総合百貨店」として非常に幅広く展開しているのが特徴です。ゲームや動画、音楽などのコンテンツを提供するほか、モバイル決済などの金融サービス、AIを活用した自動運転技術の開発、そして「新小売」と、次々と事業領域を拡張しています。

おそらくテンセントは、今後も「生活のクオリティ向上」につながりうるさまざまな領域へと事業を拡大していくことでしょう。近年の動きで注目したい点は2つあります。1つは、中国政府の政策による支援を受けて**AIを活用した医療サービスに進出**していること。もう1つは、中国国内における**アリババとの競争**です。アリババとはスマートシティや自動運転、新小売といった領域で激突しており、それぞれの領域でどちらが勝者となるのか、行方を注視したいところです。これらについては後述します。

■テンセントの「将」

テンセントの強みはその総合力の高さにあります。これは創業者の1人であるCEOのポニー・マーのリーダーシップによるところが大きいと考えられます。

本書で取り上げる米中メガテック企業の創業者たちは、アマゾンのジェフ・ベゾス、アップルのスティーブ・ジョブズ、フェイスブックのマーク・ザッカーバーグなど、いずれも強烈な個性や独創性を持っており、ある意味ではバランスを欠いたところのある人物が多いといえます。

【PHOTO3-2】テンセントのCEO、ポニー・マー。写真：新華社／共同通信イメージズ

しかしポニー・マーは、そのようなイメージとは無縁です。**「誰よりも冒険を嫌う慎重派」「常識人の中の常識人」**というのが周囲の評価であり、非常に真面目で勤勉な人物として知られています。企業経営においてはチームワークを重視しており、幹部が集まる最高経営会議ではポニー・マーが聞き役に徹して意見調整を担うといいます。創業した1998年からしばらくの間は、5人の創業者のうち1人でも強く反対した案は却下するというルールもあったそうです（『二〇二五

年、日中企業格差』)。経営者として、非常にバランスの取れた人物だといえます。

このようなポニー・マーのリーダーシップを反映して、テンセントは**高度経済成長期の日本企業のようなワークスタイル**になっているようです。富士通総研経済研究所上級研究員の趙瑋琳氏のレポート(『日経ＳＹＳＴＥＭＳ』２０１８年1月号)によれば、テンセントは「高学歴で理工系出身の社員が多く給与や福利厚生も良い、『技術男』(理工系出身で、真面目に仕事をし、良い給料をもらう男性を指す)の世界」であり、「常に新しいことにチャレンジできる組織文化が大事にされている」一方で、「ＩＴ企業で多く見られるハードワークの問題がある」といいます。ハードワークと聞くと、「働き方改革」が叫ばれている昨今の日本の視点ではネガティブにとらえられがちですが、経済成長期にある中国では働き方への疑問を感じる社員は多くはないようです。

このようなハードワークをよしとする社員の勤勉さ、チームワークのよさが、テンセントのスピーディな成長の源泉になっているのでしょう。

■テンセントの「法」

「コミュニケーション&ソーシャル」と位置づけるＳＮＳを軸に戦略的に多角化を推進し、ゲーム、金融、自動運転など**さまざまなビジネスを垂直統合する**というのがテンセントの事業構造です。

２０１７年のデータでテンセントの収益構造を見ると（図３－７）、**売り上げの65％を占めるのはＶＡＳ収入です。**このうち多くをゲーム内課金が占めると考えられます。**収益構造からいえばテンセントはゲーム会社といってもいいほどなのです。**

図3-7
テンセントの収益構造(2017年)

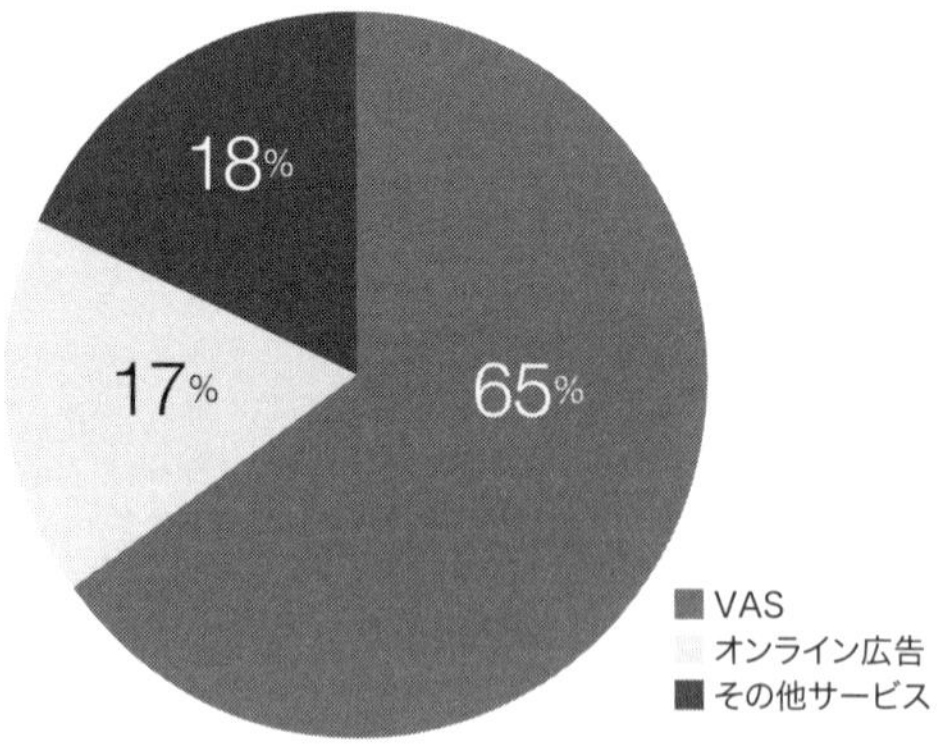

出典:テンセント社2017年アニュアルレポート

ＶＡＳの契約者、すなわち課金サービスの利用者は１億５４００万人にものぼります。これほどの規模のユーザーがお金を落とし続けるのですから、テンセントにとってオンラインゲームは非常に重要なコンテンツです。ＶＡＳ収入は２０１８年第２四半期には前年同期比14％増と２桁成長しており、オンラインゲームは引き続きテンセントの注力事業にもなっています。

売り上げの17％は、広告収入が占めています。これも２０１８年第２四半期に前年同期比39％増となっており、テンセントの中で収益の柱に育ってきているといえます。フェイスブックがＳＮＳ

による個人データの収集により広告の効果を高め、広告媒体としての地位を築いていることを考えれば、**テンセントが広告収入を伸ばす余地は大きそう**です。広告媒体になっているウィーチャットやビデオ・ストリーミング・サービスでの好調なトラフィックは、テンセントの広告事業のさらなる可能性を示すものといえるでしょう。このほか、金融関連など「その他サービス」が売り上げの18％を占めています。２０１８年第２四半期に前年同期比81％増と大きく伸びていますが、これはウィーチャットペイを入り口とする金融関連サービスやクラウド関連サービスによるところが大きいものと考えられます。

08 テンセントのAI戦略

「AI×医療」「AI×自動運転」に注力

テンセントの注力分野として注目したいのがＡＩ戦略です。ＡＩはさまざまな領域で存在感を増していますが、テンセントは特に「ＡＩ×医療」「ＡＩ×自動運転」に力を入れています。

中国政府が発表した「次世代人工知能の開放・革新プラットフォーム」（2017年11月）では、国策のAI事業として4つのテーマとその委託先が決められました。

本書に登場するメガテック企業の中では、バイドゥが「AI×自動運転」、アリババが「AI×都市計画」、テンセントが「AI×医療画像」を委託されています。背景には、もともと医療サービスに関するAIの研究で一日の長があったテンセントへの中国政府の期待があると考えられます。

テンセントは、顔認識などのAI技術を結集し、2017年8月には「AI医学画像連合実験室」を設立しています。この実験室では、食道がんの早期スクリーニング臨床実験の仕組みを整えています。従来、医療画像の読影は医師の技量と経験に頼らざるを得なかった面がありました。そこでAIを活用し、精度を高めようというわけです。過去の病理診断データや医者のネットワークを活用してAIに学習させることにより、がんの早期発見はもちろん、微細な腫瘍の検出やCT検査の精度向上などが期待できます。

テンセントの「スマート医療サービス」の構想は幅広く、「ウィーチャットスマート病院」1.0、2.0ではオンラインでの診察番号の取得や診察料金の支払い、診察時間の通知、病院内のルート案内などの機能を実現しています。続くバージョン3.0では、ウィーチャットを通じた支払い方法の多様化や、処方箋の電送により身近なドラッグストアや自宅で薬を受け取れる仕組みなどを提供する見込みです。このほか、ＡＩの活用によりオンラインでの診断や問い合わせ、診察後のアフターケアなどの対応を自動化したり医療画像診断を支援したりする機能も開発しています。また、ブロックチェーン技術により、診療情報の記録を一元管理し、医師が患者の診療状況や健康情報などの詳細をさかのぼって参照できるようにするともいいます（日経クロストレンド「テンセントが『スマート病院』最新版でＡＩとブロックチェーン活用」２０１８年５月２日）。

病院で診断を受けたり薬の処方を受けたりする際の面倒さや手続きの煩雑さなどが軽減されれば、医療関係者の負担軽減にもつながりそうです。また、従来は一元化されていなかった医療関連情報の履歴が管理され参照できるようになれば、医療の質の向上にも貢献することになるでしょう。

テンセントは、**次世代自動車産業**にも乗り出しています。**米国の電気自動車メーカー・テスラの株式を5%保有**しているほか、２０１６年12月には**ドイツHERE社と戦略的な包括提携**を結びました。ＨＥＲＥは、米国グーグルとも並ぶ高精度3次元地図のプロバイダーであり、自動運転の生命線となるデジタルインフラ構築にはこの技術が必須です。

テンセントは**HEREとの提携をもとに、中国市場向けのデジタル地図サービスを展開する**

ほか、自動運転に利用する高精度位置情報サービスも構築するとされています。

また、テンセントは２０１７年11月に北京に自動運転技術に関わる研究施設を開設しました。これまでに培ってきたマッピングやＡＩ技術を活用し、独自の自動運転事業に乗り出したのです。２０１８年４月には、自動運転車の公道での走行テストを実施したという情報もあります。

このほか、２０１７年12月に深センでテスト走行が実施された無人運転公共バスには、テンセントが提供するスマホ乗車アプリのモバイル決済が採用されています。テンセントは本件では自動運転技術プロジェクトのメンバーではありませんが、間接的に得られる知見は独自の自動運転事業にも利用できるのではないでしょうか。

２０１８年11月に中国・広州で開催された国際モーターショーでは、現地の大手自動車メーカー広州汽車と共同でテンセントの「ＡＩ Ｉｎ Ｃａｒ」を搭載した自動車の開発も発表、すでに量産体制も整っています。テンセントは「このシステムは、テンセントのセキュリティ技術、コンテンツ、ビッグデータ、クラウドコンピューティング、ＡＩ技術が一体になったもので、スマートカー向けのソリューションである」と説明しています（『チャイナ・イノベーション』李智慧／日経ＢＰ社）。

09 テンセントをプラットフォーマーにする「ミニプログラム」

スマホアプリの概念を変える存在に？

テンセントの戦略の中で注目したいのが、ウィーチャットアプリで利用できる「ミニプログラム」です。同社の2018年第2四半期報告書では2ページを割いて解説されており、テンセントの注力ぶりがうかがえます。

ミニプログラムは2017年1月にスタートしたサービスで、簡単にいえば**「アプリ内アプリ」の提供を可能にするもの**です。

たとえば、アップルが提供する「アップストア」に並ぶアプリは、すべてプラットフォーマーであるアップルの基本ソフト「iOS」に適した形で開発、申請して許可を受けたものです。つまり、アプリ開発者はアップルに応じた開発言語でアプリを開発し、アップルの審査を通さなければアプリを提供することができません。

この点、「ミニプログラム」は、プラットフォーマーへの申請が必要ありません。テンセントはアプリの開発者に、ウィーチャットをプラットフォームとして開放しているのです。つまりテンセントが認めたアプリであればウィーチャット上で提供できるわけです。

これは、これまでのスマホアプリの概念を変える可能性があります。中国では従来、アンドロイドスマホ向けのアプリストアが乱立する状況が続いていました。グーグルが撤退している中国ではグーグルプレイが使えず、バイドゥやテンセント、スマホメーカーなどが独自のアプリストアを運営しているからです。このためアプリ開発者は複数のストアへの対応が必要になるという問題がありました。

このような状況の中、中国人のコミュニケーションの中心に位置するウィーチャットのプラットフォームが開放されたことで、アプリ開発者はこぞってミニプログラムに参入しています。結果、商用のミニプログラムの開発者は開始後2年で150万人を上回り、2017年の1年間で104万人の雇用を生み出したという、市場調査会社iiメディアリサーチの調査報告もあるほどです（日経クロストレンド「テンセントのミニプログラム、開始後2年で開発者150万人」2019年1月16日）。

従来のスマホアプリと比較した場合、ミニプログラムは専用ストアがないのが特徴です。ユーザーが利用したいアプリを入手する主な方法の1つはQRコードのスキャンであり、レストランのアプリや小売りのアプリなど、**リアル店舗のサービスと結びついている**アプリが数多くあります。ミニプログラムはオンラインのビジネスだけでなくレストランや小売りのようなオフラインのビジネスも取り込み、「新小売」の世界にも影響を及ぼしつつあると考えられるでしょう。

MAU（マンスリー・アクティブ・ユーザー）数はサービス提供開始から順調に伸びており、2018年に入ってからは急増して4億人を超えるといいます。もっとも多く利用されているのはモバイルゲームで、ほかに生活関連サービス、モバイルショッピング、旅行関連サービス、ツール、金融関連サービスなどでも利用されているという調査報告があります（「QuestMobile Truth　中国モバイルインターネットデータベース2018年3月」参照）。

アップストアやグーグルプレイの概念に取って代わる、新たな概念といえる**ミニプログラムはその経済圏を拡大**させており、アント・フィナンシャルやバイドゥなどの企業も同様のコンセプトのサービスを投入し追随しています。

テンセントの強みは、ウィーチャットを10億人が利用していることです。このコミュニケーションプラットフォームを活用し、ユーザーの囲い込みをし、より幅広いサービスにおいてプラットフォームの覇権を握ろうというのがテンセントの戦略ではないかと考えられます。

使用頻度と顧客接点が勝者の条件

コミュニケーションアプリを押さえていることの強みははかりしれません。それは、コミュニケーションアプリは1日に何度も繰り返し使うものであり、それゆえに**顧客接点が強くなる**からです。日本ではコミュニケーションアプリではLINEがもっとも普及していますが、LINEを使っている方なら1日にLINEの画面をどれくらいの頻度で見ているか、LINEに割いている時間を考えてみてください。おそらく、スマホアプリの中でも親密度はもっとも高いレベルにあるでしょう。**アマゾンやアリババのECを頻繁に使う人であっても、コミュニケーションアプリほどの利用頻度ではないはずです。**

ミニプログラムは、コミュニケーションアプリを起点として新たなサービスを提供できる強みを最大限に活かしたものです。CES2019のセッションにおいてテンセントの幹部がミニプログラムを説明したチャートの中では、ミニプログラムの一部を形成しているサービスとしてアップルペイのアプリを紹介していたことも衝撃的でした。

今後、世界各国でコミュニケーションアプリ首位の座を持つ企業は、テンセントのようにさまざまなサービスを展開し、プラットフォーマーの座を狙ってくるのではないかと思います。

コミュニケーションアプリの使用頻度と顧客接点、その愛着度は次世代における新たなゲームの勝敗を左右するカギでしょう。その意味でもテンセントの動向からは目が離せません。

10 「新小売」におけるアリババとテンセントの戦い

「ニューリテール」か「スマート・リテール」か

中国国内では、アリババとテンセントの戦いが激化しています。もともとアリババはＥコマースをベースに発展し、テンセントはＳＮＳを起点にサービスを展開してきましたが、両社の事業領域の拡大に伴い、近年ではアリペイとウィーチャットペイのように真っ向からぶつかるビジネスが増えているのです。

アリババがフーマーで「ニューリテール（新小売）」を展開しているのに対し、テンセントは同様のＯＭＯ戦略を取ってそれを「スマート・リテール」と呼んでいます。先に少し触れた通り、このスマート・リテールは、テンセントが戦略的に強化する６つの事業分野のうちの１

つです。

テンセントは、中国EコマースのB to C市場でシェア2位の座にある京東商城（ＪＤ）の筆頭株主になっています。ＪＤは２０１５年に中国の大手スーパーマーケットチェーン「ヨンフイ」と戦略的提携を締結し出資、10％の株式を保有しているのですが、２０１７年12月にはテンセントもヨンフイの株式を取得しました。つまりテンセントとＥコマースのＪＤ、スーパーマーケットのヨンフイは密接なグループ関係にあるわけです（Glo Tech Trends「ニューリテール分野でもテンセントとアリババの激突!?　テンセントも小売業界大手の永輝超市の株式取得へ」２０１７年12月13日）。

ヨンフイは２０１７年1月、フーマーで好評を博しているグローサラントサービスと同様のコンセプトを打ち出し、新ブランドのＯＭＯ店舗「チャオジーウージョン」の展開をスタートしました。これにより、アリババ「フーマー」対テンセント「チャオジーウージョン」という競争が始まったわけです。

なお、チャオジーウージョンはグローサラントサービスだけでなく、「3キロメートル圏内に30分以内の無料配送」「すべての商品にバーコードをつけてトレーサビリティーを実現」など、**あらゆる面でフーマーを真似てサービスを提供**しています。もともとテンセントには他社を真似ることをよしとする社風があるのです。

中国の著名経済ジャーナリストがポニー・マーにインタビューした記事によれば、ポニー・マーは「後発こそが最も穏当なやり方なのだ」「テンセントは『模倣者』であって『創造者』ではない」「マイクロソフトにしてもグーグルにしても、他者の真似をしたままではないか。最も聡明な方法は、最も素晴らしいものを学習することであって、その後、元のものを超越すればよいのだ。だから私は、何かを最初に世に問うことを他社と争わない。そんなことをしても意味がないからだ」と語っているといいます（『二〇二五年、日中企業格差』）。

■すでにAIの実装化がスタート

CES2019の3日目には、まる1日かけて「ハイテク小売業」というプログラムが行われ、「アジアで最新の小売動向を知る」というセッションにはテンセントとJDの幹部が揃って登場しました。米国人の司会者からは、「今や**ハイテク小売の世界は米国よりも中国のほうが進んでいる。**2社の最新動向から学んでほしい」との紹介がなされました。このセッションの中でも動画を披露していましたが、JDはCES2019において、すでに中国で実用化している宅配用の小型自動運転車、宅配用ドローン、入荷から出荷までの完全自動倉庫、ブロックチェーンを活用した販売商品のトレース技術などを展示、大きな注目を集めていました。中国以外の企業がテクノロジーで競っている間に、中国企業は商業化や社会実装を始めてしまっていたのです。

テンセントは2018年にヨンフイと共同でフランス小売り大手のカルフールにも出資しており、グローバルな「スマート・リテール」の展開も視野に入れているのではないかと考えられます。アリババと、「元のものを超越する」ことを目指すテンセントとの勝負の行方には今後も注目したいところです。

最後に、SNSでの強力な顧客基盤を背景にB to C事業を中核として展開してきたテンセントですが、政府からのゲーム事業への規制強化を契機として、「テンセントクラウド」等のB to B事業にも力を入れ始めています。これまで見てきたように、SNS、金融、スマート・リテール等さまざまな事業を展開している同社が持つビッグデータは広範囲かつ大量なものです。そこから可能となる広告の最適化を考えると、マーケティング事業等での拡大可能性は大きいと判断されます。法人向け事業としてのクラウドコンピューティングや「ビッグデータ×AI」事業にもさらなる注目が必要でしょう。

第4章

Google
グーグル

×

Baidu
バイドゥ

検索サービスから事業を拡大。狙うはAIの社会実装

本章の狙い

第4章では、検索サービスの雄であるグーグルと、中国市場で検索サービスシェアナンバーワンの百度（バイドゥ）を取り上げます。

グーグルは、開発方針を「モバイルファースト」から「AIファースト」へと転換。言葉通り、AIに関する技術力はメガテックの中でも優位性が高く、音声AIアシスタントを用いたスマートシティの実現や次世代自動車への進出という点で抜きん出たポジションにいます。こうした事業展開は、持株会社アルファベットのミッション（道）である「あなたの周りの世界を利用しやすく便利にすること」から説き起こしていけば理解しやすいでしょう。グーグルが掲げる「10の事実」「OKR」「マインドフルネス」も戦略分析において重要なところです。

一方のバイドゥは、モバイル決済への対応の遅れなどネガティブなニュースも聞こえます。そのバイドゥが起死回生を期して勝負をかけているのが、自動運転も含めたAI事業です。「AI×自動運転」事業については中国政府から国策として受託し、自動運転プラットフォーム「アポロ」計画を打ち出すなど注力しています。同社の自動運転が社会実装まで進んでいる状況を、CES2019のレポートも交えて解説していきます。検索サービスからスタートした2社が事業領域をどんどん拡大させ、今、自動運転の世界でしのぎを削る時代なのです。

Google

01 グーグルの事業の実態は？

「検索の会社」からさまざまに事業を拡大

アマゾン、アップル、フェイスブックの製品やサービスを利用しないという人はいるかもしれませんが、本書の読者でまったくグーグルを使わないという人はいないでしょう。世界の検索市場で９割以上のシェアを持つグーグルは、インターネットにつながる世界中の多くの人々の生活に、広く深く入り込んでいます。

「本業」である検索サービスはグーグルに多額の広告収入をもたらしており、収益構造を見ると収入の大半を稼ぎ出しているのが検索サービスであることがわかります。その意味ではグーグルは、多くの人がイメージする通り「検索の会社」です。しかし近年のグーグルはさまざまな事業を展開しており、全体像を知ろうとするなら、それらにも目を向ける必要があるでしょう。

グーグルの全体像を知るためにまず押さえておきたいのは、グーグルが２０１５年に大規模な組織改革を行い、**持株会社アルファベットを設立**したことです。現在、アルファベットの傘下には、**グーグルと「Ｏｔｈｅｒ Ｂｅｔｓ（その他の賭け）」部門**があります。

グーグルが手がけているのは検索サービスのほかＧメールやグーグルマップ、ユーチューブなどのサービス、ウェブブラウザ「クローム」、スマートフォン（スマホ）向けＯＳ「アンドロイド」、クラウド事業などです。Ｏｔｈｅｒ Ｂｅｔｓ部門には、**自動運転車開発プロジェクト**を手がけるウェイモや**スマートシティ計画**を展開するサイドウォークラボ、アルファ碁を開発したＡＩ企業ディープマインドなどが名前を連ねています。

なお本書では、アルファベット傘下にあるグーグルとＯｔｈｅｒ Ｂｅｔｓの全体を広義のグーグルとして、以下グーグルについて論じていきます。

■検索サービスと広告

まず、グーグルの「柱」である検索サービスについて見ていきましょう。

グーグルの検索サービスは創業者であるラリー・ペイジとサーゲイ・ブリンによって開発されました。その特徴は「ページランク」という仕組みで検索精度を向上させたことにあります。

検索サービスにおいては、インターネット上に無数に存在するウェブサイトの中から、検索ワードに応じてどのサイトを検索結果として表示させるかが重要です。グーグルは、そのウェブサイトが「どれくらいリンクを張られているか」を重視して検索結果に反映する仕組みを取り入れたのです。そしてこの仕組みは、検索の精度を大きく向上させることになりました。より多くのリンクが張られているウェブサイトほど重要であるという考え方は「民主的」であるともいえます。この**「民主的」であるということは、グーグルの価値観としてずっと重視され続けているもの**です。

グーグルが検索サービスで広告ビジネスを始めたのは2000年のことです。

最初に導入したのは「アドワーズ」で、これはユーザーが入力した検索ワードに応じて関係する広告を表示するものです。グーグルは、広告リンクのクリック数に応じて、広告主から料金を受け取ります。このアドワーズは、現在は「グーグル広告」という名称で展開されています。

アドワーズの登場は、広告業界から見れば大き

【PHOTO4-1】グーグルの共同創業者の1人で前CEOのラリー・ペイジ。写真：ロイター＝共同

な衝撃でした。というのも、それまでは広告を出せるメディアというのはテレビ、新聞、雑誌などのマスメディアが主流だったからです。グーグルによって誰もがウェブで広告を打てるようになったこと、クリックという実績に応じて広告料を支払えばよい仕組みが導入されたことは、まさに**「広告の民主化」**といっていいでしょう。

■**無料サービスと広告ビジネスの関係**

グーグルはGメールやグーグルマップなど、検索サービス以外にも数多くのサービスを手がけています。**スマホ向けOS「アンドロイド」**も提供していますし、2006年に買収した動画投稿サイトの**「ユーチューブ」**も運営しています。

これらは原則として、ユーザーに対して無料で提供されています。そしてグーグルは、これらのサービスでも広告を表示し、広告収入を得ています。そのカギを握るのが、ユーザーのウェブサービス利用履歴とAIです。

グーグルは、皆さんの検索履歴やGメール、グーグルマップの利用歴などのデータを取得することができます。これらのビッグデータを活用し、AIで分析することによって、よりユーザーにとって関心の高い広告を表示することが可能になります。

たとえばグーグルから配信される広告を表示して対価を得る「アドセンス」というサービス

があります。アドセンスを利用しているウェブサイトでは、そのウェブサイトに関連する広告のほか、**ユーザーごとに最適化された広告**を表示します。このほか、アンドロイドスマホで利用するアプリの画面に表示される広告、Ｇメールやグーグルマップの画面に表示される広告、ユーチューブを視聴しているときに表示される広告などは、基本的にユーザーに最適化されたものになっていると考えていいでしょう。

検索ワードに対応したシンプルな「グーグル広告」、そしてユーザーの行動データとＡＩの活用により最適化を図った多様な広告は、グーグルのビジネスの中核になっています。**2017年のアルファベットの売上高を見ると、85％以上を広告関連が占めているの**です。

■とどまるところを知らない、ニーズの先鋭化と広告の最適化

グーグルの検索サービスと広告の関係、そして「ビッグデータ×ＡＩ」の可能性を考えると、「先鋭化」というキーワードが浮かんできます。

日々「ググって」いる方ならご存じの通り、グーグルの検索はユーザーが入力した検索ワードに対して検索結果を返すだけのサービスではありません。検索ワードは単語の一部を入力すればそれに続く言葉の候補が出てきます。また、１つの検索ワードを入力すれば追加する単語の候補が表示され、よりユーザーのニーズに合った絞り込みに誘導する仕組みになっていま

す。これらはすべて、過去に同様の文字や単語で検索されたデータやユーザーが何をクリックしたかといったデータに基づいたものです。

「ビッグデータ×ＡＩ」が導入された検索サービスは、検索サービスが登場した当時のものとはその意味が変わってきます。かつての検索サービスは、ユーザーが検索ワードを入力し、それに対してウェブサイトを表示するというものでした。ですから検索ワードを入力する時点で、ユーザーはニーズを明確に意識し、そのニーズを満たすための目的を定めて検索ワードを入力し、検索結果を見たり表示された広告を見たりしていたわけです。

しかし「ビッグデータ×ＡＩ」による検索と広告表示は、検索ワードを自分ですべて考えなくてもよくなるだけでなく、表示する広告もより**潜在的なニーズ、ユーザー自身が明確に意識していない欲求に対応**したものになっていくはずです。今後は皆さんがグーグルの検索サービスを利用したときに「具体的に意識していなかったけれど、強く興味をそそられる情報」の広告がどんどん表示されるようになっていくでしょう。

テクノロジーを先鋭化させ、ユーザーに対してより利便性が高い検索サービスを提供することは、ユーザーのニーズを先鋭化させます。そして同時に、グーグルは広告の最適化も先鋭化させることになるのです（図４－１）。

図4-1
3つの先鋭化

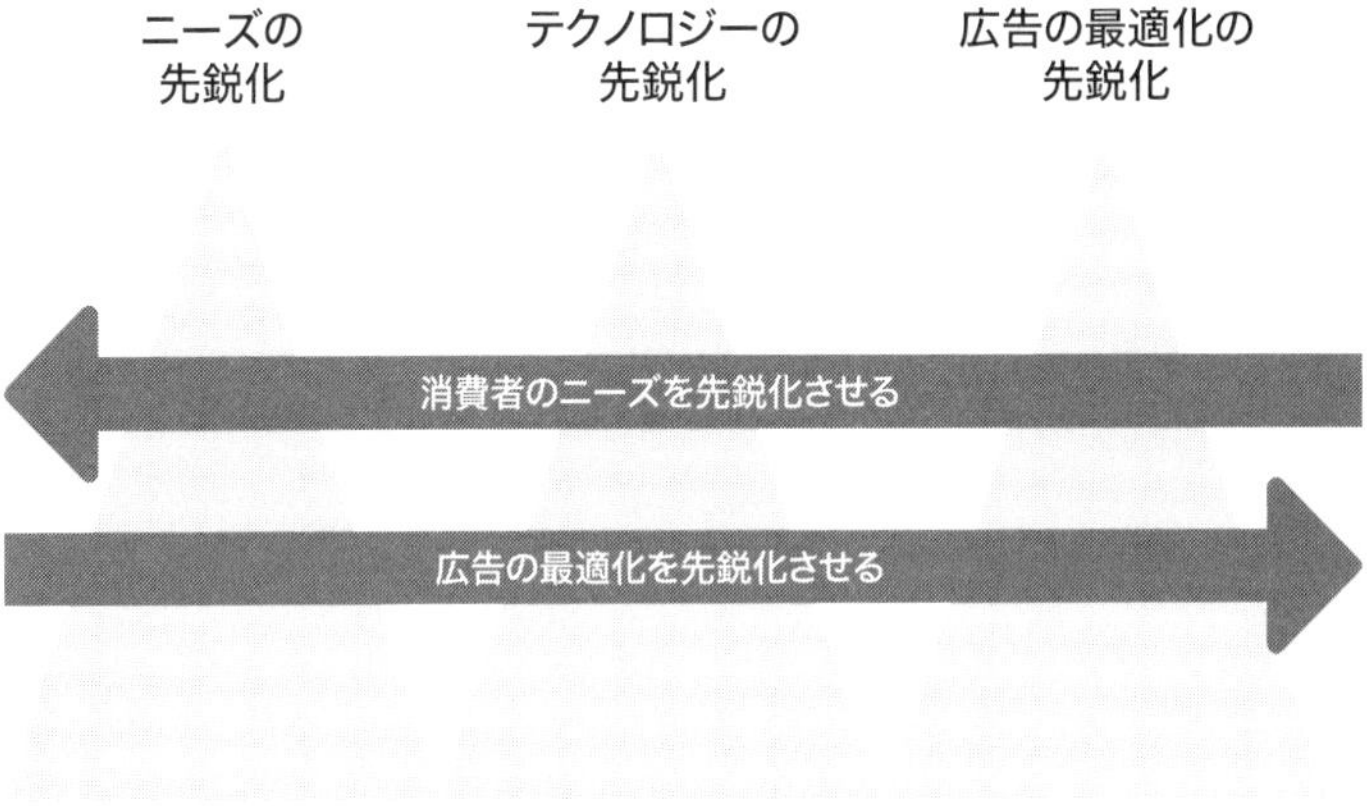

■アップルとは異なる「アンドロイド」のビジネスモデル

グーグルのビジネスを理解する上では、スマホＯＳのアンドロイドについても押さえておく必要があります。

グーグルは２００７年にモバイル向けＯＳアンドロイドの提供を開始しました。２０１７年には**アンドロイド利用者が世界で20億人を突破し、世界のスマホOSのおよそ85%のシェア**を持っています（『週刊東洋経済』２０１８年12月22日号）。

この数字だけを見て、アップルがｉＯＳを搭載したｉＰｈｏｎｅとアップストアによってエコシステムを構築していることを思い出すと、「グーグルは一体どれほどの規模のエコシステムを構築しているのか」と考える人もいるかもしれません。しかし、**グーグルがアンドロイドによって構**

築しているビジネスモデルは、アップルのｉＯＳとは少々様子が異なります。

グーグルがアンドロイドを無償で提供するメリットは、主に２つあります。

１つは、アンドロイドを搭載したスマホのユーザーが増えればアンドロイドと合わせて提供されるグーグルのサービスの利用者が増え、それが**広告収入アップに直結**することです。アンドロイドのうち「オープンハンドセットアライアンス（ＯＨＡ）」と呼ばれるＯＳでは、グーグルの検索、地図、動画配信などのサービスが利用できるようになっているのです。

もう１つは、グーグルが運営するアプリストア**「グーグルプレイ」によるコンテンツ販売**です。アップルのアップストアと同様、グーグルプレイを介して販売されるアプリやアプリ内課金コンテンツについては、販売額の30％がグーグルの手数料収入となります。ＯＨＡでは、グーグルプレイが標準で使えるようになっています。

ただし、ｉＯＳで利用できるアプリがアップルのアップストアでしか入手できないのに対し、アンドロイド向けのアプリストアはグーグルプレイ以外にも存在します。ですからグーグルはアプリ販売においてｉＰｈｏｎｅほど強力なエコシステムを構築できているわけではありません。スマホアプリ分析企業のSensor Towerの調査によれば、２０１８年上半期の**グーグルプレイのアプリダウンロード数はアップストアの2倍以上でしたが、収益はおよそ半分にし**かなっていません。これはグーグルプレイ以外にもアプリストアが存在すること、アンドロイドが格安の端末に多数搭載されていること、途上国で普及率が高いことなどが理由と考えられます。

また、グーグルが２０１０年に中国市場の検索事業から撤退していることもアンドロイドによるビジネスに大きな影を落としています。アンドロイドには、**「アンドロイドオープンソースプロジェクト（AOSP）」**と呼ばれるOSがあります。提供されているのはOSの中核部分のみで、スマホメーカーはAOSPをベースとした独自のOSをつくって搭載することができます。このAOSPでは、グーグルのサービスはセットされていません。

そしてスマホの巨大な市場である中国で普及しているアンドロイドスマホが搭載しているのは、AOSPです。中国国内ではグーグルのサービスが使えないので、これは当然のことでしょう。つまり中国のアンドロイドスマホではグーグル検索もグーグルプレイも使われません。**グーグルは中国のアンドロイドスマホから収益を得られていない**のです（『ITビッグ４の描く未来』小久保重信／日経BP社）。なお、グーグルでは、このような中国での状況を挽回することを狙って、まずは同国での検索事業再開検討を明らかにしましたが、２０１８年11月、それに対して社員が抗議活動を行う事態となりました。検閲を忌み嫌う社員と中国で事業展開したい経営幹部との意見の相違。巨大な中国市場の攻略には難しいハードルがいくつもありそうです。

■モバイルファーストからAIファーストへ

グーグルは２０１６年、開発方針を「モバイルファースト」から「ＡＩファースト」に転換すると表明しました。

グーグルのＡＩに関する技術力はメガテックの中でも優位性が高いと見ていいでしょう。世界でもトップクラスの研究組織「グーグルブレイン」を持っており、ＡＩの国際学会「ＮＩＰＳ」への論文提出数は２０１７年には米国のマサチューセッツ工科大学を上回り首位になりました（『週刊東洋経済』２０１８年12月22日号）。

グーグルのＡＩを象徴するものの１つが音声ＡＩアシスタント「グーグルアシスタント」です。アマゾンのアレクサと同様のコンセプトで、グーグルアシスタントを搭載したスマートスピーカー「グーグルホーム」の発売によりハードウエアの販売にも本格的に乗り出しました。

競争優位性のあるＡＩを存分に活用できるのが、**完全自動運転**です。グーグルは２００９年から「自動運転」の実用化に向けて動き始めました。２０１６年には、自動運転車開発プロジェクトが独立しアルファベットの子会社として**ウェイモ**が誕生。２０１８年２月までに公道で行った試験走行距離が実に８００万キロメートルに達しているといいます。グーグルがカメラや高精度マップ、ＡＩなどを搭載したクルマを走らせている様子には世界中が注目しており、**メガテックの中でも次世代自動車への進出という点で抜きん出たポジション**にいるのです。

グーグルの自動運転車への取り組みについて、これまでの経緯を簡単に振り返っておきましょう。グーグルが自動運転車の開発を行っていることを発表したのは、2010年10月です。このとき、いわゆる「レベル4」の完全自動運転を目指すと明言しています。

2012年3月には視覚障害者を乗せたテスト走行をユーチューブで公開し、同年5月にはネバダ州で米国初の自動運転車専用ライセンスを取得しました。

2014年1月には、GM、アウディ、ホンダ、ヒュンダイ、エヌビディアなどが参加するOAA（オープン・オートモーティブ・アライアンス）という連合を発表しました。これはアンドロイドの車載化プロジェクトで、まずはアンドロイド端末と車載機との連携からスタートし、最終的にはアンドロイドの車載OS化を目論んでいるといわれています。

そして2016年12月、それまで自動運転プロジェクトを進めてきた研究組織「グーグルX」による開発を終了し、ウェイモを立ち上げて事業化に向け再起動すると発表したのです。そのウェイモは、2018年12月に米国で自動運転タクシーの商業化を世界で初めてスタートさせました。2018年は多くの自動車メーカーやテクノロジー企業が1年程度以内での自動運転実用化計画の発表を行った年ですが、**自動運転タクシーの商業化スタートという点においてグーグルが先行**したのです。

前述の通り、グーグルは売り上げの多くを広告収入が占めており、またスマホOSのアンドロイドが象徴するようにオープンプラットフォームを志向しています。これらを踏まえれば、グーグルが自動運転車において実現しようとしているのはハードを提供することではないでしょう。

私は、グーグルが自動運転車においてオープンプラットフォームとしてのOSを広範囲に展開することで**顧客接点を増やし、新たなサービスを提供し、最終的には広告収入を増やすことを狙っている**のではないかと考えています。

02 グーグルの5ファクターは

「道」「天」「地」「将」「法」で戦略分析

グーグルについて全体像を押さえたところで、同社の「道」「天」「地」「将」「法」を見てみましょう。図4－2をご覧ください。

図４-２
5ファクターメソッドによる「グーグルの大戦略」分析

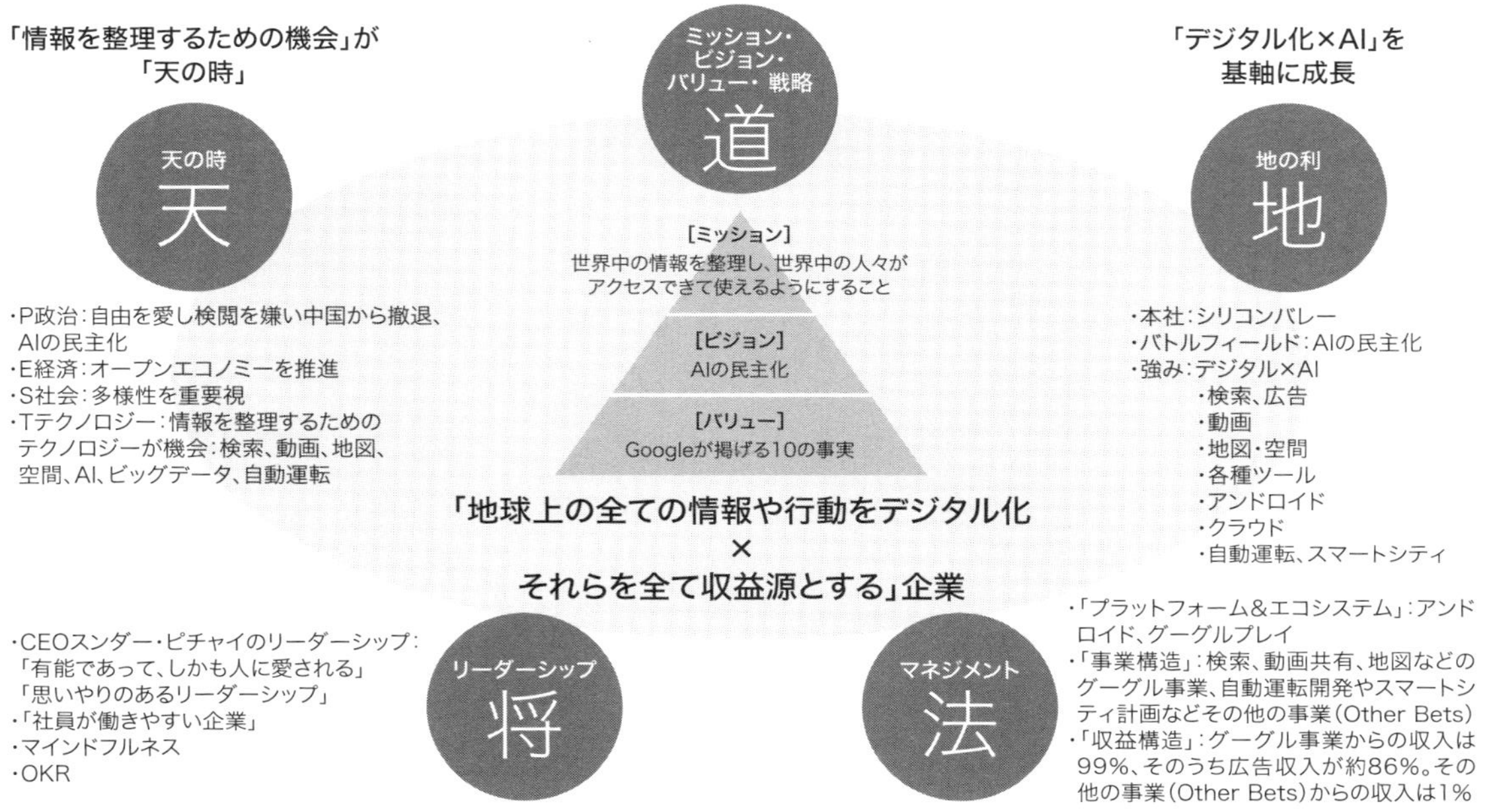
「情報を整理するための機会」が
「天の時」
天の時
天
・P政治：自由を愛し検閲を嫌い中国から撤退、AIの民主化
・E経済：オープンエコノミーを推進
・S社会：多様性を重要視
・Tテクノロジー：情報を整理するためのテクノロジーが機会：検索、動画、地図、空間、AI、ビッグデータ、自動運転
ミッション・ビジョン・バリュー・戦略
道
［ミッション］
世界中の情報を整理し、世界中の人々がアクセスできて使えるようにすること
［ビジョン］
AIの民主化
［バリュー］
Googleが掲げる10の事実
「デジタル化×AI」を
基軸に成長
地の利
地
・本社：シリコンバレー
・バトルフィールド：AIの民主化
・強み：デジタル×AI
・検索、広告
・動画
・地図・空間
・各種ツール
・アンドロイド
・クラウド
・自動運転、スマートシティ
「地球上の全ての情報や行動をデジタル化
×
それらを全て収益源とする」企業
・CEOスンダー・ピチャイのリーダーシップ：
「有能であって、しかも人に愛される」
「思いやりのあるリーダーシップ」
・「社員が働きやすい企業」
・マインドフルネス
・OKR
リーダーシップ
将
マネジメント
法
・「プラットフォーム＆エコシステム」：アンドロイド、グーグルプレイ
・「事業構造」：検索、動画共有、地図などのグーグル事業、自動運転開発やスマートシティ計画などその他の事業（Other Bets）
・「収益構造」：グーグル事業からの収入は99%、そのうち広告収入が約86%。その他の事業（Other Bets）からの収入は1%

■グーグルの「道」

グーグルは、自社の使命（ミッション）を**「世界中の情報を整理し、世界中の人がアクセスできて使えるようにすること」**だとしています。そして持株会社であるアルファベットは、「あなたの周りの世界を利用しやすく便利にすること」を使命として掲げています。

検索サービスで創業したグーグルにとって、先のミッションは不変の使命と位置づけられているのでしょう。もちろんグーグルが「整理している」のは、ウェブサイトの情報だけではありません。グーグルマップやストリートビューは世界中の都市の地図や風景を整理し、Gメールは電子メールデータを整理し、グーグルブックスというサービスでは書籍の中身を整理しようとしています。結果、これらの情報に誰もが簡単にアクセスし、便利に利用できるようにすることを目指しているわけです。このように多様な情報を整理しアクセス可能にすることは、ユーザーに対して広告を表示できる場面を増やすことになります。グーグルにとって、**「情報の整理」と広告ビジネスは表裏一体の関係にある**といえるでしょう。

しかし、グーグルのミッションは情報の整理と広告ビジネスという切り口だけでは完全には理解できません。私は、グーグルがミッションの真に意味するところを実現するため、**言葉が示す範囲を超えてミッションを進化**させていると考えています。

たとえば「モバイルファースト」でアンドロイドを提供してきたことも、「世界中の情報を整理し、世界中の人がアクセスできて使えるようにすること」というミッションの進化によると見ることができます。アンドロイドが実現したのは、モバイルによりいつでもグーグルが整理した情報にアクセスできるというカスタマーエクスペリエンスの向上でもあるのです。

さらに、グーグルが「ＡＩファースト」で自動運転やスマートシティの実現を目指しているのは、「世界中の情報を整理し、世界中の人々がアクセスできて使えるようにすること」が、より自然かつ快適に行える世界をつくり出そうとしているのではないかと思うのです。

たとえば自動運転が実現すれば、人は運転を自動車に任せることができるようになり、クルマの中での時間の過ごし方も変化します。ＡＩで制御され運転する必要がない自動車の中は、自由に自分の時間を過ごすことができる空間です。

ここでいう「自由に過ごす」というのは、知りたいことがあればＡＩアシスタントに質問したり、聞きたい音楽があればＡＩアシスタントに再生してもらったりして、情報を自在に活用できるということも含みます。

自動運転車やスマートシティが目指す世界観は、グーグルのミッションの進化の先にあり、アルファベットの**「あなたの周りの世界を利用しやすく便利にすること」**へとつながっていくのでしょう（図４－３）。

図4-3
グーグルにおけるミッションの進化

世界中の情報を整理し、世界中の人々がアクセスできて使えるようにすること

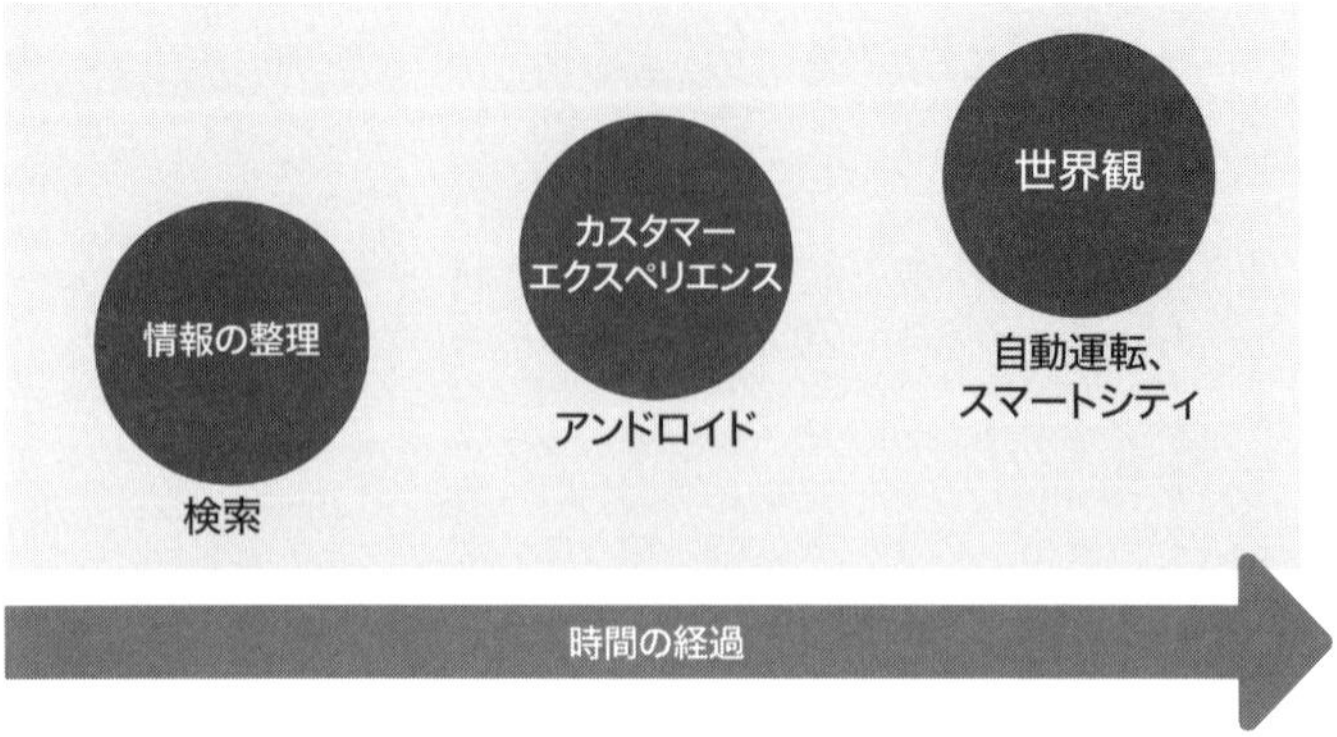

■グーグルの「天」

グーグルの「天」は、世界中の情報を整理して世界中の人々がアクセスできて使えるようにするための機会です。

現在はＡＩの発達こそがグーグルの「天」であるといえるでしょう。「モバイルファーストからＡＩファーストへ」という方針の転換にも、ＡＩに注力することこそグーグルが使命を果たすために重要であるという同社の思いが透けて見えます。

グーグルはこれまで数々の先進技術で成長を続ける一方、**クラウドコンピューティングやエンタープライズなどの分野においては他社に先行を許してきました。**たとえば現在グーグルはクラウド事業にも力を入れていますが、アマゾンのＡＷＳに肩を並べるには今しばらくの時間がかかりそうです。

また莫大な収益のほとんどを広告収入に依存していることは、グーグルの広告ビジネスの優位性を示す一方、**広告ビジネス以外の収益の柱をつくれていない**ことも意味しています。

これらの背景もあり、グーグルではＡＩへの注力について「グーグルをテクノロジーカンパニーとして生まれ変わらせるため」に必要なことだと考えています。たとえば２０１７年５月には、囲碁のチャンピオンとグーグルの人工知能「アルファ碁」が対決し、見事勝利をおさめたことが話題になりました。このアルファ碁のベースとなっている機械学習の技術「テンソルフロー」は、オープンソースとして公開されています。グーグルは、自社製品を多くの開発者に活用してもらい、１つのエコシステムが構築されることを望んでいるのでしょう。

ＡＩ用半導体の自社開発に乗り出したことも見逃せません。グーグルが開発する半導体は、囲碁の世界チャンピオンに勝ったアルファ碁にも搭載されています。通常、半導体を独自開発するには数年を要するとされていますが、グーグルは**設計から運用まで1年**で終えました。これもまた「ＡＩファースト」へのシフトを加速する動きだといえるでしょう。

もちろん、私たちの身近なところでもすでにグーグルのＡＩが活躍し始めています。ＡＩスピーカーのグーグルホームや、ビデオ通話アプリのグーグルデュオなど、ＡＩを搭載した製品が多数リリースされていますから、今後はより多様なプロダクトにＡＩを搭載していくことでしょう。

■グーグルの「地」

グーグルの事業をひと言でいえば、「世の中の膨大な情報やコミュニケーション、行動等をデジタルデータ化し、それらを広告収入として収益化するビジネスモデルやプラットフォームの構築」です。

事業領域は、すべてを把握するのが難しいほど拡大しています。「あなたの周りの世界を利用しやすく便利にすること」というアルファベットのミッションを考えれば、自社のAI技術活用などにより「利用しやすく便利に」なるものにはどんどん参入していくのは自然な流れであるともいえます。

たとえば先にも少し触れましたが、アルファベット傘下のサイドウォークラボが手がけているのはスマートシティプロジェクトです。サイドウォークラボが進めている「スマートシティ」とはどんなものなのか、その一部を見てみましょう。

未来の道路は、現在のようにコンクリートで固められて用途が決まっている道路とは対照的だ。スイッチひとつで、時間帯によって用途やライトアップが変わる。

朝のラッシュ時にはバス専用道路だった場所が、日中は子どもの遊び場に変わるかもしれない。月曜に通勤用の自転車レーンだったところが、日曜には農産物の直売所になるかもしれない。道路は刻々と変化して柔軟な空間であるべきで、決して交通量が激しく、思いやりに欠ける危険なクルマが行き交うような場所ではない──。それがサイドウォークの考えだ。(WIRED「グーグルがつくる未来都市では、道路が柔軟に『変化』する」2018年8月21日)

まさにグーグルの事業領域の広さがうかがえるプロジェクトであると思います。

■グーグルの「将」

グーグルの共同創業者の1人であり前CEOのラリー・ペイジは、現CEOのスンダー・ピチャイに全幅の信頼を寄せているといいます。ピチャイについて知ることが、今のグーグルの「将」を読み解くことにつながります。

まず、ピチャイの経歴を見てみましょう。彼は1972年にインドで生まれています。父は部品の組み立て工場を経営していましたが、12歳になるまでは家に電話もなかったという貧しい家庭でした。ピチャイは非常に優秀で、インド工科大学でエンジニアリングを学んだあと、奨学金を得てスタンフォード大学に進学。しかし半導体メーカーに職を得たことでスタン

【PHOTO4-2】グーグルの現在のCEO、スンダー・ピチャイ。写真：DPA／共同通信イメージズ

フォードをドロップアウトします。その後、ＭＢＡを取得してコンサルティング会社のマッキンゼーで経験を積みました。

ピチャイはグーグルに２００４年に入社しています。その活躍は目覚ましく、若くしてグーグル・クロームやアンドロイド、クロームＯＳといった主要事業を統括。グーグルが自社製ブラウザを開発するというアイデア自体、彼のものだといいます。そして**「ビジネスも技術もわかる」人材**として、社内外から高く評価されるようになりました。ピチャイは、そのキャラクターがほかのメガテック企業の経営者とはずいぶん傾向が異なります。非常にフレンドリーな人物として知られ、「人との争いを好まず、協調を旨とする」「チームのメンバーに対しても思いやりのある言葉をかけ、支援する労を惜しまない」といわれます。要するに、ピチャイは非常に有能であるばかりか、人に愛されるキャラクターなのです。

社員が働きたいと思える会社、働きやすい会社を志向しているグーグルがＣＥＯに指名する

図 4-4
グーグルの「ミッション×事業構造×収益構造」

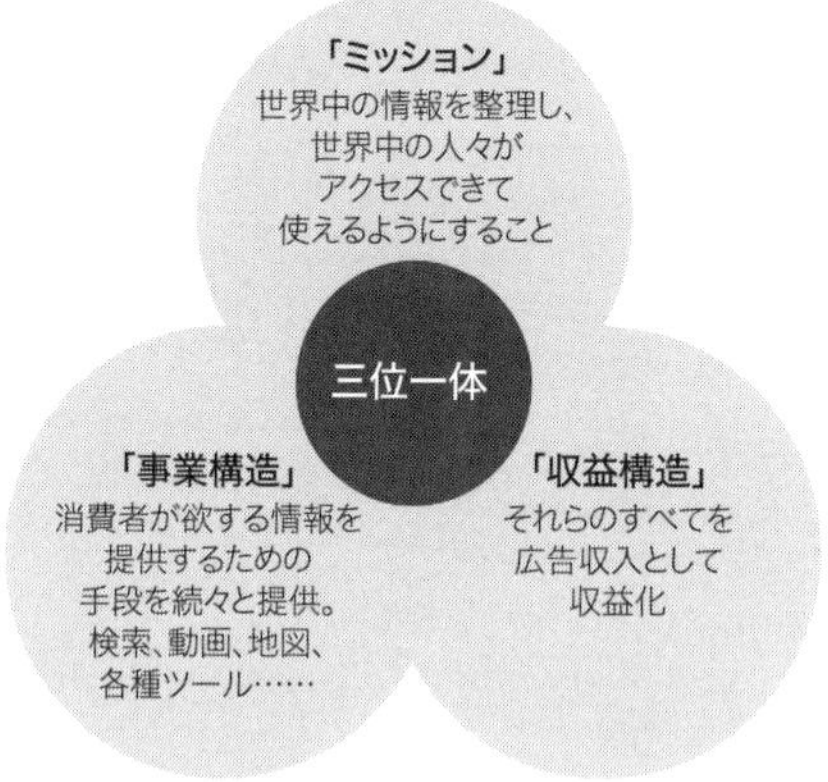
「ミッション」
世界中の情報を整理し、
世界中の人々が
アクセスできて
使えるようにすること
三位一体
「事業構造」
消費者が欲する情報を
提供するための
手段を続々と提供。
検索、動画、地図、
各種ツール……
「収益構造」
それらのすべてを
広告収入として
収益化

のも納得の人物だといえます。

■グーグルの「法」

グーグルの「法」、つまり事業構造と収益構造については、ミッションと合わせて三位一体で「ミッション×事業構造×収益構造」としてとらえるとよく理解できます（図４－４）。

繰り返しになりますが、グーグルのミッションは「世界中の情報を整理し、世界中の人々がアクセスできて使えるようにすること」です。そしてこのミッションのもと、事業構造としては検索サービス、動画共有サービス、地図サービスなど「消費者が欲する情報を提供するための手段」を数多く提供しています。そしてこれらのサービスを通じて**あらゆる情報をデジタルデータ化し、それらすべてを広告ビジネスにより収益化**しているわけです。

具体的な収益構造は、2017年度の実績を見ておきましょう。アルファベットの売上高は1109億ドルで、このうちグーグルの売上高は1097億ドルと99％を占めています。グーグルの売上高のうち、広告関連の売上高は954億ドルで、約86％。その他の売上高は12億ドル（1％）となっています。

03 存在価値を定義した「Googleが掲げる10の事実」
――強さの源泉①

「どのような存在を目指すのか」の行動指針

グーグルという会社がどのようにして今の地位を築き、今後どのような存在になることを目指しているのかを知るためには、同社が掲げる「10の事実」に目を通しておく必要があります。

以下、グーグルのサイトから引用します。

1. ユーザーに焦点を絞れば、他のものはみな後からついてくる。
2. 1つのことをとことん極めてうまくやるのが一番。
3. 遅いより速いほうがいい。
4. ウェブ上の民主主義は機能する。
5. 情報を探したくなるのはパソコンの前にいるときだけではない。
6. 悪事を働かなくてもお金は稼げる。
7. 世の中にはまだまだ情報があふれている。
8. 情報のニーズはすべての国境を越える。
9. スーツがなくても真剣に仕事はできる。
10. 「すばらしい」では足りない。

グーグルが「10の事実」を策定したのは、会社設立から数年後のことです。グーグルは「随時このリストを見直し、事実に変わりがないかどうかを確認」しており、また「これらが事実であることを願い、常にこのとおりであるよう努めて」いるとしています。

経営学的には、この「10の事実」はグーグルで働くすべての人の行動指針になっていると考えていいでしょう。ここからは、**それぞれの項目についてグーグルがより具体的にどうとらえ**

ているのかを追いながら、グーグルの強さの源泉について考えてみたいと思います。

■1．ユーザーに焦点を絞れば、他のものはみな後からついてくる。

グーグルはこの「事実」について「当初からユーザーの利便性を第一に考え」「新しいウェブブラウザを開発するときも、トップページの外観に手を加えるときも」「内部の目標や収益ではなく、ユーザーを最も重視」してきたと説明しています。

確かに、グーグルのトップページは非常にシンプルであり、ほかのポータルサイトのようにごちゃごちゃと広告が表示されることはありません。これは、ユーザーが利用する際に迷わずにすむことを重視しているからです。また検索結果と合わせて表示されるグーグル広告では、広告であることを明示しており、検索結果を見るのに邪魔にならないようシンプルな表示にとどめています。この「事実」と実際のグーグルのありようを見ると、いかにグーグルがユーザー志向の企業であるかが理解できます。

■2．1つのことをとことん極めてうまくやるのが一番。

この「事実」については、グーグルは自社について「検索問題を解決することだけに焦点を置いた世界最大級の研究グループを有する」とし、「検索分野で培った技術は、Gmail、Google マップなどの新しいサービスにも応用されて」おり、「検索技術を活用することで、ユーザーが生活のあらゆる面においてさまざまな情報にアクセスして利用できるよう努力を続けて」いくと宣言しています。先にも触れた通り、「本業」である検索を極めてきたグーグルは、「ビッグデータ×ＡＩ」という次のステージに進んだことによりユーザーのニーズの先鋭化と広告の最適化の先鋭化を達成し、**潜在的なニーズに応えるレベルへ到達**するでしょう。

■ **3．遅いより速いほうがいい。**

この「事実」は、具体的にはユーザーを待たせないこと、ユーザーの貴重な時間を無駄にしないことを指しています。グーグルが検索サービスにおいて目指しているのは「必要とする情報を」「瞬時に提供」することであり、**「自社のウェブサイトにユーザーが留まる時間をできるだけ短くすることを目標にしている会社は、世界中でもおそらく Google だけ」**と自負しています。また、「新しいサービスをリリースするときには、常にスピードを念頭に」置いていると説明しています。

ユーザーとのエンゲージメントという観点では、自社サイトの滞在時間を長くしたいと考えるのが一般的でしょう。しかしグーグルはここでもユーザー志向を徹底しています。グーグルの検索サービスがユーザーの支持を集め今の地位を築くことができた理由は、このような同社の姿勢に見ることができます。

■4．ウェブ上の民主主義は機能する。

先に説明した通り、グーグルの検索では「ページランク」という方法が採用されています。ウェブサイトが「どれくらいリンクを張られているか」を重視して検索結果に反映するのです。グーグルはページランクについて**「ページ間のリンクを『投票』と解釈し、どのサイトが他のページから最高の情報源として投票されているかを分析」**しているとし、「新しいサイトが増えるたびに情報源と投票数が増える」ことから、ウェブが拡大すればその効果が高まると説明しています。またページランクについての説明と合わせ、「多くのプログラマーの力の結集によって技術革新が進むオープンソースソフトウェア開発にも力を入れて」いることにも触れています。

ページランクのアルゴリズムを説明するのに「投票」という言葉を用いていること、またオープンソースのソフト開発に注力していることは、「民主主義」を重視する企業文化を示しています。グーグルは、**インターネットを通じて「一人ひとりに力を与えること」**を目指しているのです。

■5．情報を探したくなるのはパソコンの前にいるときだけではない。

この「事実」については「世界はますますモバイル化し、いつどこにいても必要な情報にアクセスできることが求められて」いることを示し、同社のアンドロイドについて「よりユーザーの選択肢が広がり、先進のモバイル体験が可能となるだけでなく、携帯通信事業者、メーカー、デベロッパーにとっては、新たな収益機会」を生むものとしています。モバイルファーストからAIファーストへと方針を転換したとはいえ、グーグルのモバイル重視の姿勢は今後も続くと考えられます。

■6．悪事を働かなくてもお金は稼げる。

この「事実」は、グーグルという企業の姿勢をよく示しています。グーグルが営利企業であり広告で収益を得ていることを明記した上で、検索結果ページには検索の内容と「関連性のない広告の掲載」を認めないこと、掲載する広告には「スポンサーによる広告リンク（スポンサーリンク）であることを必ず明記」していること、「検索結果のランクに手を加えてパートナーサイトの順位を高めるようなことは絶対に」ないことを宣言。**「ユーザーは Google の客観性を信頼しているのであり、その信頼を損なって短期的に収益が増加しても意味がない」**としています。このような姿勢はユーザーにとって好ましいものであるだけでなく、広告の最適化という観点でグーグルにとって好ましいといえます。

■7．世の中にはまだまだ情報があふれている。

グーグルは自社のミッションに基づき、「情報の整理」に注力しています。ウェブサイトだけでなく「ニュースアーカイブ、特許、学術誌、数十億枚の画像や数百万冊の書籍を検索する機能」にも挑戦してきたのです。そして「今後も世界中のあらゆる情報を検索ユーザーに提供するために開発を続けて」いくと宣言しています。もちろん、世界中のありとあらゆる情報や人々の行動をデータ化することは、「ビッグデータ×ＡＩ」による検索サービスの変化を後押しし、グーグルの競争優位性を高めていくことでしょう。

■8．情報のニーズはすべての国境を越える。

グーグルは「全世界のユーザーにすべての言語で情報へのアクセスを提供することを目標」としています。実際、**「検索結果の半分以上を米国外のユーザーに提供」**しているのです。グーグルは２０１０年に中国市場から撤退していますが、最近になって中国市場への再参入がとりざたされていることについては今後も注視する必要がありそうです。

■9．スーツがなくても真剣に仕事はできる。

この「事実」については、グーグルの共同創設者が「仕事は挑戦に満ちていなければいけない、挑戦は楽しくなければいけない」という考えを持っていたこと、そしてグーグルの社員が「さまざまなバックグラウンドを持ち、エネルギーと情熱をほとばしらせながら、仕事、遊び、人生に独創的にアプローチ」していること、「打ち解けた雰囲気の中、カフェ、チームミーティング、ジムなどで生まれた新しいアイデアは、またたく間に意見交換が進み、試行錯誤を経て、すぐに形に」なると説明しています。グーグルが自律性や多様性を大切にしていることはよく知られています。これは社員を尊重するという意味を持つだけでなく、**イノベーションを生み続けるためのあり方**でもあるというのが同社の考えなのです。

■10．「すばらしい」では足りない。

グーグルは「まだ達成できないとわかっていることを目標に設定」することにより、「目標達成に向けて全力を尽くし、期待以上の成果」を残すことができるとしています。そして「**現状に満足しないことがGoogleのすべての原動力となっている**」と述べています。これは同社がどのようにしてイノベーションを追い続けているのか、その秘密を読み解くカギになっています。

ここまで10の事実を確認してきましたが、特に9と10の「事実」については、より具体的に見ておきたいポイントです。グーグルがどのようにしてイノベーションを生み出しているのか、本書では以下、「ＯＫＲ」と「マインドフルネス」に注目して読み解いていきます。

04 グーグルの開発力の秘密「ＯＫＲ」

――強さの源泉②

「さまざまな組織が目標に向かって前進するのに役立つシンプルなプロセス」

私は、グーグルがイノベーションを起こし続けているのは、大胆なビジョン、野心的な目標を実現する手段として「ＯＫＲ」が機能しているからではないかと見ています。

ＯＫＲについて、グーグル共同創業者でアルファベットＣＥＯのラリー・ペイジは次のように述べています。

「ＯＫＲとは、さまざまな組織が目標に向かって前進するのに役立つシンプルなプロセスだ」

「ＯＫＲを使うと、リーダーにとって組織の可視性は一気に高まる。また建設的な反論の材料となる。たとえばこんな具合だ。『なぜユーザーはユーチューブに瞬時に動画を投稿できないんだ？　そのほうが君たちの次の四半期目標よりも、重要なんじゃないか？』」

「ＯＫＲは僕らが10倍成長を遂げ、しかもそれを何度も繰り返すうえで重要な役割を果たしてきた。『世界中の情報を整理する』というとんでもなく大それたミッションが、もしかすると手の届くものになったのもＯＫＲがあったからだ」

（『メジャー・ホワット・マターズ』ジョン・ドーア著、ラリー・ペイジ序文／日本経済新聞出版社）

ＯＫＲとは「目標（Objectives）」と「主要な結果（Key Results）」の頭文字をとった言葉で、かつてラリー・ペイジらグーグル幹部にＯＫＲについて講義したジョン・ドーアによれば、**「会社内のあらゆる組織が、同じ重要な課題に全力で取り組むようにするための経営管理手法」**のことです。

ジョン・ドーアは、ＯＫＲでいう目標について「重要で、具体的で、行動を促し、（理想を言えば）人々を鼓舞するようなもの」、主要な結果について「目標を『どのように』達成しつつあるかをモニタリングする基準」「具体的で時間軸がはっきりしており、意欲的であると同時に現実的」「何より重要なこととして、測定可能で検証可能でなければならない」と述べています。

たとえば現グーグルCEOのピチャイは、ウェブブラウザ「グーグル・クローム」を開発したときのことを振り返り、野心的な目標を置く「ストレッチOKRの威力に初めて触れたのはこのときだ」と語っています。

クロームは、すでに確立したブラウザ市場にゼロから参入するという困難な状況の中、初年度（2008年）に「7日間のアクティブユーザー数を2000万人にする」という目標を置いたといいます。この目標をクリアする見込みについてピチャイは「絶対に達成不可能だと思っていた」そうです。この目標は達成されませんでしたが、2009年にはストレッチOKRとして目標を5000万人に設定。そして実績が3800万人に達すると、2010年には1億1100万人という目標が設定されました。そしてその年の第三四半期、7日間のアクティブユーザー数がついに1億1100万人に達し、目標を達成したのです。そして今日では、クロームのアクティブユーザー数はモバイルだけで10億人を超える規模に成長しています（『メジャー・ホワット・マターズ』）。

こうして実例を見ると、OKRとはただの目標管理制度ではなく、**野心的な目標を実現する**

手段であることがわかります。

岩村水樹グーグル専務執行役員ＣＭＯは、著書『ワーク・スマート』（中央公論新社）において、ＯＫＲについて、

「グーグルは全社でこのＯＫＲを設定しそれを社員と共有し、各チームもそれぞれにＯＫＲを設定していきます」

「ＯＫＲの大きなメリットは仕事の優先度がクリアになることです。また達成度合いの評価を全社で共有するため、透明性が高まるという効果があります」

「ＯＫＲを活用してイノベーションを促進するための大きなポイントは、高い目標の設定です。ＯＫＲで設定する目標は明らかに実現可能なものより高めに設定します。時にはおよそ到達できないと思われるほどに高いレベルを設定する場合もあります。到達できると事前に分かるような目標では、チャレンジや成長の余地が生まれないからです」

と述べています。

私は、ＯＫＲの本質は**「スティーブ・ジョブズやジェフ・ベゾスのような天才的な創業経営者をデュプリケート（複製）する方法」**であるととらえています。

05 グーグルの価値観の象徴「マインドフルネス」
——強さの源泉③

「サーチ・インサイド・ユアセルフ」

グーグルの象徴ともいえる、ほかのメガテックには見られない要素が「マインドフルネス」です。マインドフルネスと聞くと瞑想をイメージする人が多いかもしれません。

しかし、マインドフルネスは禅の世界で行われる瞑想だけを指すものではなく、近年はストレスによる疾患への対処法として医療現場などにも導入されています。グーグルでは、社員の研修においてEQ（情動的知能）育成プログラムとしてマインドフルネスを取り入れ、そのプログラムは「サーチ・インサイド・ユアセルフ（SIY、己の内を探れ）」と名づけられています。

元グーグルフェローでSIYを開発したチャディー・メン・タンは、著書『サーチ・インサイド・ユアセルフ　仕事と人生を飛躍させるグーグルのマインドフルネス実践法』（英治出版）

の中でＳＩＹの３つのステップを以下のように紹介しています。

■１．注意力のトレーニング

注意力は高度な認知的能力や情動的能力の基礎だ。したがって、ＥＱを鍛えるためのカリキュラムはどんなものであれ、注意力のトレーニングから始めなければならない。その狙いは、注意力を鍛え、穏やかであると同時に明瞭な心を生み出すことにある。そのような心がＥＱの土台になる。

■２．自己認識と自制

鍛え上げた注意力を使い、自分の認知的プロセスや情動のプロセスを高い解像度で知覚できるようにする。そうすれば、自分の思考の流れや情動のプロセスをとても明瞭に観察できるようになる。それも、第三者の視点から客観的に。それができれば、最終的に自制を可能にする深い種類の自己認識を生み出せる。

■３．役に立つ心の習慣の創出

誰であろうと人と会ったらかならず、「この人が幸せになりますように」と、まず反射的に思う習慣が身についているところを想像してほしい。そんな習慣があれば、職場が一変する。このような誠実な善意にほかの人が無意識のうちに気づくし、とても建設的な協力関係につながる種類の信頼をあなたが生み出すからだ。そうした習慣は、自分の意思で身につけられる。

注意力のトレーニングとは、マインドフルネスでいう「いま、ここ」に集中し雑念を手放すことを指すものと考えられます。また自己認識と自制というのは、目の前にあるものをありのままに見つめ、自分を第三者の視点で見ることを求めています。マインドフルネスを実践することは他者への共感や思いやりの気持ちを育むといわれます。それが「役に立つ心の習慣の創出」でしょう。

SIYの概要を見るだけでも、グーグルが企業として重視しているもの、広げようとしている世界観をうかがい知ることができます。グーグルはリーダーに対して「有能であってしかも人に愛される」リーダーシップを求めているのですが、これもマインドフルネスの考え方からすれば自然なことなのでしょう。

そして現CEOのピチャイがこのようなリーダー像を体現する人物であることは、**グーグルにとってマインドフルネスがただのお題目ではない**ことを証明しているといえます。

Baidu

06 バイドゥの事業の実態は？

中国の検索市場で一人勝ちではあるが……

最後に取り上げるのは、中国の検索最大手企業である百度（バイドゥ）です。同社は「中国のグーグル」とも呼ばれ、「バイドゥ検索」「バイドゥ地図」「バイドゥ翻訳」などのサービスのほか、「アイチーイー」という動画ストリーミングサービスでよく知られています。

先に触れた通り、グーグルは中国政府の検閲を嫌って２０１０年に中国市場から撤退しています。**グーグルのいない中国の検索市場はバイドゥの一人勝ち**状態です。検索サービスの中国市場のシェアを見ると、バイドゥはおおむね70～80％で推移しています（StatCounterGlobal Stats のデータによる）。世界の検索市場では、グーグルに次ぐ大手という位置づけです。

しかし、バイドゥは**「グーグルの検索サービスをコピーしているだけ」**といわれることもしばしばであり、その後の事業展開もグーグルに酷似しています。

また、バイドゥの2019年3月8日現在の時価総額は571億ドル。テンセント、アリババの時価総額はそれぞれ4208億ドル、4537億ドルです。少なくとも**株式市場の評価としては、バイドゥはBATHのうち上場企業2社の後塵を拝しています。**

近年のバイドゥは、モバイル決済など金融サービスへの対応の遅れ、提携していたライドシェア会社・ウーバーの中国市場からの撤退、経営幹部の頻繁な入退社、不正広告事件などネガティブなニュースが続きました。これらがそのまま、株式市場の評価や業績面での差につながっているといえます。

■バイドゥのAI事業

そのバイドゥが起死回生を期して勝負をかけているのが、**自動運転も含めたAI事業**です。

バイドゥは2014年4月、「百度大脳」を発表しました。これは検索でのユーザー利便性を向上させるため、コンピューターでニューラルネットワークをつくり、多層な学習モデルと大量の機械学習によってデータの分析や予測を行うというものです。

2016年9月には深層学習プラットフォーム「パドル・パドル」をオープンソース化し、世界レベルでのAIエンジニアの取り込みも図っています。

そして2017年1月、バイドゥがこれまで培ってきたAI技術の戦略的な集大成として、

図4-5
バイドゥのAI事業の体系

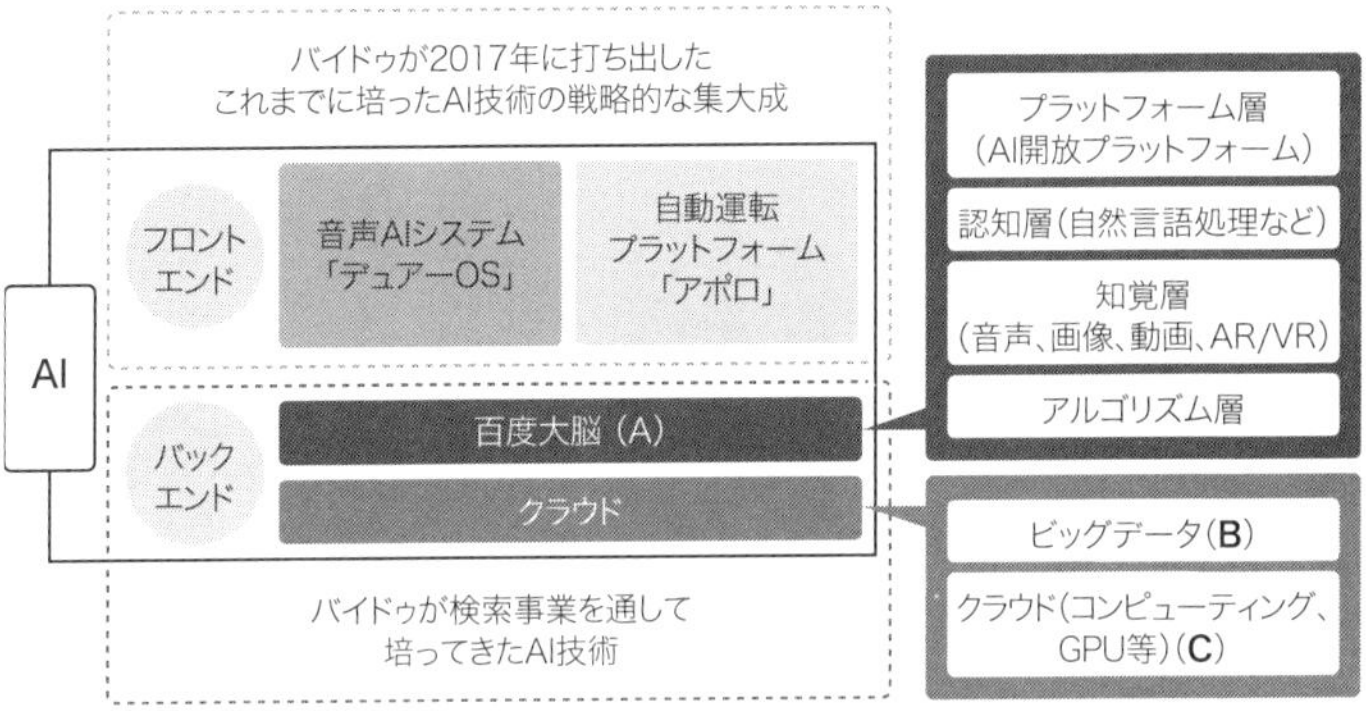

出典：2017年7月のバイドゥAI開発者大会の資料をもとに筆者作成

音声ＡＩアシスタント「デュアーＯＳ」を発表しました。デュアーＯＳは「人々の生活にＡＩを」というコンセプトのもと、バイドゥが持つＡＩ技術をオープンにしたものです。デュアーＯＳを活用すれば、話しかけるだけでＡＩにアシスタントしてもらえるスマートデバイスを短期間で開発できます。つまりデュアーＯＳは「バイドゥ版アマゾン・アレクサ」なのです。

現在、バイドゥはＡＩ事業の体系を図４－５のように示しています。

これまでに培われたバックエンドのＡＩ技術である「百度大脳」と「クラウド」コンピューティングをベースに、フロントエンドのＡＩ技術として戦略的に打ち出しているのが、音声ＡＩアシスタント「デュアーＯＳ」、そして**自動運転プラットフォーム「アポロ」**です。

■バイドゥが注力する自動運転

中国では「次世代人工知能の開放・革新プラットフォーム（国家新一代人工智能開放創新平台）」と題されたプロジェクトのもと、「2030年には人工知能の分野で中国が世界の最先端になる」と宣言しています。国家の委任を受けてAI事業を進める4事業者のうち、**自動運転事業を委託されたのがバイドゥ**です。

バイドゥの自動運転プラットフォーム「アポロ」は、アメリカが威信をかけて成功させた有人宇宙飛行計画「アポロ計画」を意識してその名称がつけられました。

アポロは、バイドゥが持つ自動運転の技術をオープンソース化することで多様なパートナー事業者が独自の自動運転システムを構築することを可能にします。アポロが発表された2017年4月から**わずか半年で、中国内外の約1700のパートナーが参画**したと見られています。その中には、ダイムラーやフォードなどの完成車メーカー、ボッシュやコンチネンタルなどのメガサプライヤー、自動運転の心臓部を握るAI用半導体メーカーのエヌビディアやインテルなど、**あらゆるレイヤーの主要プレイヤー**が含まれています。

バイドゥの戦略を分析するには、音声AIアシスタント「デューアーOS」の具体的な展開や、自動運転プラットフォーム「アポロ」の可能性についてしっかり考察する必要があります。これらについては後述します。

07 バイドゥの5ファクターは

「道」「天」「地」「将」「法」で戦略分析

バイドゥについてポイントを押さえたところで、同社の「道」「天」「地」「将」「法」を見てみましょう。

■バイドゥの「道」

バイドゥは2005年に米国ナスダック市場に上場して以降、長らく次のようなミッションを掲げていました。

「テクノロジーを基盤とするメディア企業として、私たちは人々が探すものを見つけるための最善かつ最も公平な方法を提供することを目指す。私たちはユーザーが情報やサービスにアクセスするために多くのチャンネルを提供する。さらに私たちはインターネットで検索をする個々のユーザーにサービスを提供することに加えて、企業が潜在顧客へリーチするために効果的なプラットフォームを提供する」

これはバイドゥの「本業」である検索サービスをイメージさせる内容です。

しかし2017年6月、バイドゥはミッションを変更しました。新たなミッションは、「バイドゥは、テクノロジーによって複雑な世界をシンプルにすることを目指す」というものです。変更後のミッションは、検索サービスよりも上位のレイヤーに目を向けた文言になっていることがわかります。しかしこのミッションから、具体的にバイドゥが何を目指しているのかをイメージするのは難しいかもしれません。

グーグルの場合、そのビジネスを見れば「世界中の情報を整理して、世界中の人々がアクセスできて使えるようにする」というミッションに本気で取り組んでいることがわかります。ミッションは、グーグルにとってお題目ではなく、企業のDNAとして息づいているのです。

一方、バイドゥのビジネスを見たときに、私には「複雑な世界をシンプルにすることを目指す」というミッションに本気で取り組んでいるようには感じられません。従業員の間で果たしてこのミッションが重要なものとして意識され、共有されているのか、疑問もあります。

率直にいえば、私はバイドゥが伸び悩んでいるのは自社の使命が何であるのかを明確にしていないことが大きな要因になっているのではないかと思っています。

図４−６
5ファクターメソッドによる「バイドゥの大戦略」分析

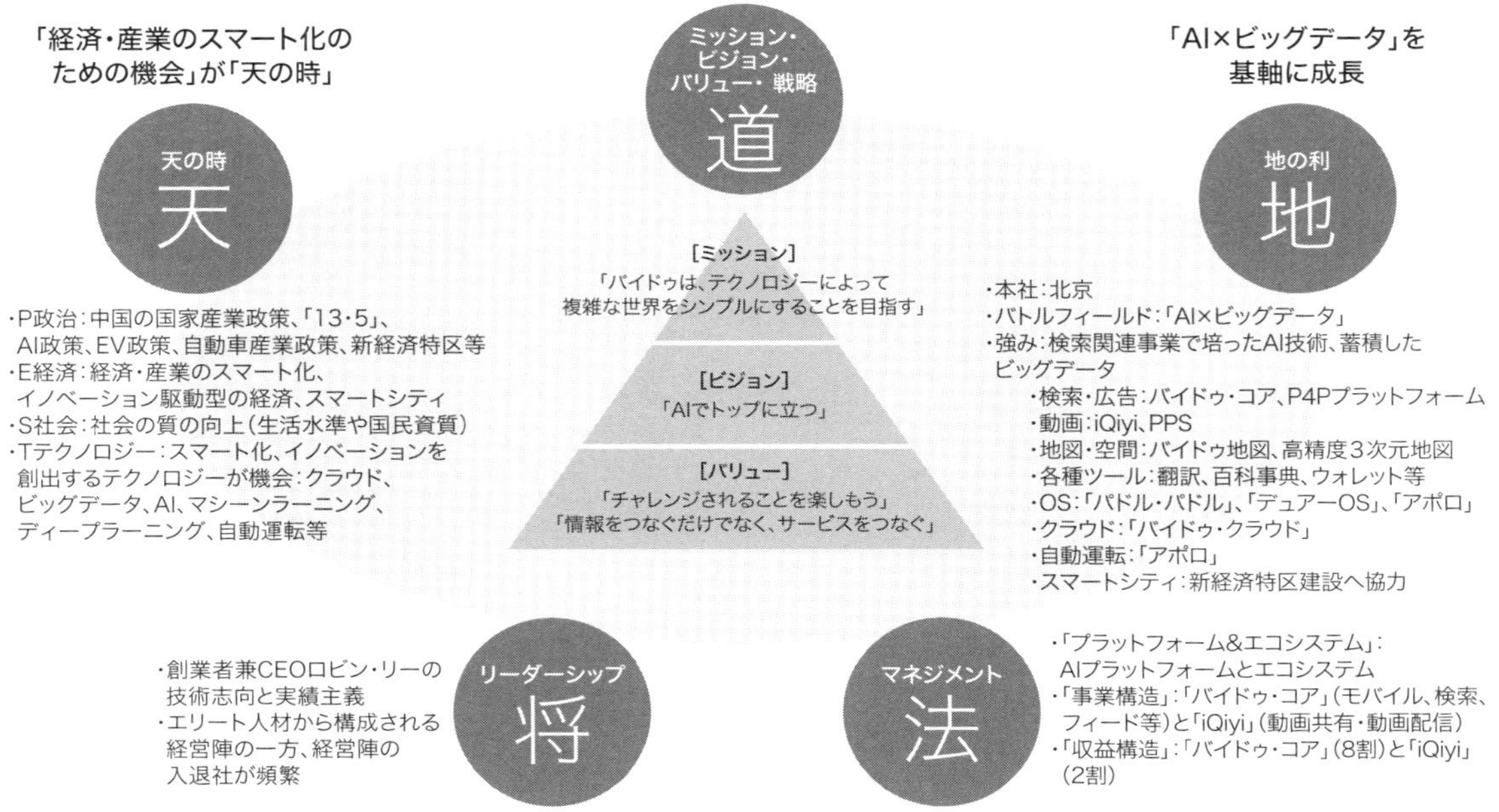
「経済・産業のスマート化のための機会」が「天の時」
天の時
天
・P政治：中国の国家産業政策、「13・5」、AI政策、EV政策、自動車産業政策、新経済特区等
・E経済：経済・産業のスマート化、イノベーション駆動型の経済、スマートシティ
・S社会：社会の質の向上（生活水準や国民資質）
・Tテクノロジー：スマート化、イノベーションを創出するテクノロジーが機会：クラウド、ビッグデータ、AI、マシーンラーニング、ディープラーニング、自動運転等
ミッション・ビジョン・バリュー・戦略
道
【ミッション】
「バイドゥは、テクノロジーによって複雑な世界をシンプルにすることを目指す」
【ビジョン】
「AIでトップに立つ」
【バリュー】
「チャレンジされることを楽しもう」
「情報をつなぐだけでなく、サービスをつなぐ」
「AI×ビッグデータ」を基軸に成長
地の利
地
・本社：北京
・バトルフィールド：「AI×ビッグデータ」
・強み：検索関連事業で培ったAI技術、蓄積したビッグデータ
・検索・広告：バイドゥ・コア、P4Pプラットフォーム
・動画：iQiyi、PPS
・地図・空間：バイドゥ地図、高精度３次元地図
・各種ツール：翻訳、百科事典、ウォレット等
・OS：「パドル・パドル」、「デュアーOS」、「アポロ」
・クラウド：「バイドゥ・クラウド」
・自動運転：「アポロ」
・スマートシティ：新経済特区建設へ協力
リーダーシップ
将
・創業者兼CEOロビン・リーの技術志向と実績主義
・エリート人材から構成される経営陣の一方、経営陣の入退社が頻繁
マネジメント
法
・「プラットフォーム&エコシステム」：AIプラットフォームとエコシステム
・「事業構造」：「バイドゥ・コア」（モバイル、検索、フィード等）と「iQiyi」（動画共有・動画配信）
・「収益構造」：「バイドゥ・コア」（8割）と「iQiyi」（2割）

なお、バイドゥは「人工知能でトップに立つ」というビジョンを掲げています。起死回生のため、当面、ＡＩ事業に注力するという方針は明確です。

■バイドゥの「天」

バイドゥの「天」は、ミッションから読み解けば「テクノロジーによって複雑な世界をシンプルにする」機会ということになりますが、複雑な世界というのが何を指すのかは必ずしも明らかではありません。現在バイドゥが注力しているＡＩ事業、そして中国の国家的な政策の方向性を踏まえて考えるなら、「経済・産業のスマート化のための機会」がバイドゥの「天」ということになるでしょう。グーグルを追う検索サービスにおいては「ビッグデータ×ＡＩ」、また国の後押しを受けている自動運転においてはそれを実現するさまざまなテクノロジーの進化が、バイドゥにとって大きな機会になっているといえます。

■バイドゥの「地」

バイドゥはグーグルと同様、検索サービスを通じて膨大なビッグデータを収集しています。その蓄積したデータをクラウドに載せ、ＡＩで解析し、ユーザーごとに最適化したサービスを提供していくというのがバイドゥの戦略の骨子です。

図４－７
バイドゥが回す成長サイクル

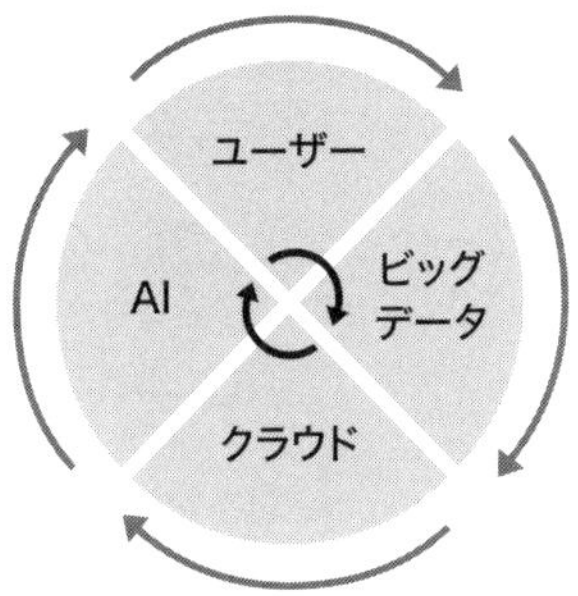

出典：2018年5月「ABCサミット2018インスパイヤースマートIoT大会」資料をもとに筆者作図

バイドゥは図４－７のようにサイクルを回し、「ＡＩ×ビッグデータ」を基軸に成長を目指す意思を示しているのです。

■バイドゥの「将」

バイドゥの創業者で会長・ＣＥＯのロビン・リーは、北京大学で情報科学の学士号を、ニューヨーク州立大学バッファロー校でコンピューターサイエンスの修士号を取得しています。ダウ・ジョーンズの子会社や検索エンジン会社インフォシークなどを経てバイドゥの創業に至りました。バイドゥを創業したのは、妻の勧めによるものだといいます。シリコンバレーで安定した生活を送っていたロビン・リーに、妻は「あなたはＩＴ分野でトップレベルの専門家だ。このまま終わるのではなく、独立して創業すべきだ」と迫ったそうです（『中国新興企業の正体』沈才彬／角川新書）。

ロビン・リーの経歴などを見てわかるのは、彼は**プロの経営者というよりも優秀な技術者**であるということです。バイドゥはアリババやテンセントに先行してシリコンバレーにＡＩ研究所を設立したり、3年間で10万人のAIエンジニアを育成すると宣言したりしています。技術系出身のロビン・リーは、やはり研究開発に注力し技術力を経営の根幹に置くという技術経営の姿勢が強いようです。彼は、かつてインタビューで次のように語っています。

【PHOTO4-3】バイドゥの創業者で会長・CEO、ロビン・リー。写真：共同通信社

「百度の文化は『Enjoy being challenged（チャレンジされることを楽しもう）』です。時には、Enjoy challenge Others とも理解されます。しかし私は、あなたが他人に挑戦することを奨励している訳ではありません。他人があなたに挑戦することを奨励しているのです。もしくは、こう導いています。他人が自分の意見に同意しないという状態を大事にしようということです。他人から挑戦されればされるほど、あなた自身の考え方は完全になり、間違いを起こす確率は減っていきます。戦略班と私の関係は正にこの状態です。彼らが私にプレゼンすれば、私は彼らに挑戦します。私が彼らにプレゼンすれば、彼らが私に食って掛かります。この応酬を経て、最終的に共通的なひとつの結論に至ります」

（groo「ロビンリー（李彦宏）が万科メンバー80人を相手に熱く語る百度とGoogleの違い」２０１５年２月27日）

バイドゥは実績主義でエリート志向的企業との指摘もありますが、それだけではない相応の実力がないとやっていけない企業であることをうかがわせる発言であると思います。

私は、他の米中メガテック企業の経営者と比較して、経営者としてのロビン・リーはエンジニア出身でテクノロジー志向が強い一方、ビジネス、プロダクト、カスタマーエクスペリエンスへの意識が低いのではないかと分析しています。このような彼の特徴が、バイドゥが本質的なミッションを提示できていないことに影響していると観察しているのです。

■バイドゥの「法」

バイドゥの事業構造は、主に検索サービスなどを展開する「バイドゥ・コア」と動画ストリーミングサービス「アイチーイー」に整理できます。また、その他事業としてクラウドや自動運転を手がけています。「バイドゥ・コア」には検索サービスであるバイドゥ・サーチやモバイル・バイドゥのほか、オンライン百科事典のバイドゥ百科、Q&Aサービスのバイドゥ・ノウズ、決済アプリのバイドゥ・ウォレット、バイドゥ地図、音声ＡＩアシスタントのデュアーOSなどが含まれます。

２０１７年のアニュアルレポートによれば、バイドゥの２０１７年の売上高は１３０億ドル、営業利益は24億ドルでした。売上高の内訳は、約80％が「バイドゥ・コア」事業、約20％が動画ストリーミング「アイチーイー」事業となっています。最近の「アイチーイー」の業績の伸びは著しいものの、バイドゥはやはり検索サービスの会社といってよいでしょう。

08
「デュアーOS」によるエコシステム形成、そしてスマートシティへ

「人々の生活にＡＩを」がコンセプト

音声ＡＩアシスタントは、搭載されたスピーカーに「ただ話しかけるだけ」で私たちの声を認識し、さまざまな仕事をしてくれます。ニュースを読んだり、欲しいものを注文したり、音楽をかけたり、天気を調べたり、部屋のエアコンをつけたりといったことが「ただ話しかけるだけ」で行えるのです。利便性やカスタマーエクスペリエンスという観点では、音声ＡＩアシ

スタントというインターフェイスは非常に優秀だといえます。

音声ＡＩアシスタントでは先に紹介した「アマゾン・アレクサ」が市場で先行していますが、バイドゥの「デュアーＯＳ」も同様のコンセプトを持つ音声ＡＩアシスタントです。

デュアーOSは「人々の生活にAIを」をコンセプトにしており、それが実装されたスマートデバイスを通して、自然言語で「ただ話しかけるだけ」でさまざまな機能を提供してくれます。また、バイドゥもアマゾンと同様、デュアーＯＳをサードパーティーへオープンにすることでパートナーのデバイスやコンテンツ、サービスなどを取り込み、**エコシステムを形成**しようとしています。

バイドゥは、ＣＥＳ２０１８において、音声ＡＩシステム「デュアーＯＳ」のブースも出展していました。中国の小度在家のスマートロボット「Little Fish（小魚在家）」、米国のSengled のスマートランプスピーカー、日本の Popln Aladdin のプロジェクター内蔵スマートライトなど、「デュアーＯＳ」が実装されたＩｏＴ家電が数多く展示・紹介されていたことが強く記憶に残っています。バイドゥが内製するスマートスピーカー「Raven H」、スマートロボット「Raven R」は、洗練されたデザインも印象的でした。現在開発中のＡＩホームロボット「Raven Q」には、顔認証機能や自動運転プラットフォーム「アポロ」との連動機能が備わっているといわれています。もちろん、すべて「ただ話しかけるだけ」の音声ＡＩアシスタントです。

さらに、ここから1年経ったCES2019では、バイドゥは消費者向けアプリケーションの展開を誇示するのではなく、**デュアーOSが開発者向けのオープンプラットフォームとして成長して**いることを強調していました。

大きなエコシステムを形成していく

これらデュアーOSが実装されたスマートデバイスは、アマゾン・アレクサが搭載された「アマゾン・エコー」に相当します。アマゾン・エコーが「スマートホーム」のプラットフォームであるのと同じように、**デュアーOSが実装されたスマートデバイスも生活の中のさまざまなニーズに応えてくれる**のです。

狭義のデュアーOSは、「ただ話しかけるだけ」のAIアシスタント機能を持つスマートデバイスやソリューションを開発するための基本ソフトです。デバイスにマイクやスピーカーがついていれば、デュアーOSを実装することによってスマートデバイス化することができます。

もう少し具体的に説明しましょう。まず、音声AIアシスタント機能を持つデバイスを開発しようとするパートナーは、バイドゥが公開するデュアーOSのリファレンスデザイン（AI製品を開発しようとするパートナーに対してバイドゥが公開する設計図）と開発キットに従います。これにより、バイドゥのAIを活用し、開発するデバイスをスマート化することができるわけです。

バイドゥはこれまで、検索事業を通してアルゴリズムや表現学習、ウェブデータ・検索データ・画像・動画・位置情報などのビッグデータ、画像処理などのコンピューティング能力といったAI技術を培ってきました。このような蓄積により、バイドゥのAIは音声認識、画像認識、自然言語処理、ユーザープロフィールデータへのアクセスという4つの基本機能を備えています。このAI技術こそがデュアーOSの中核です。

パートナーが開発するスマートデバイスにコンテンツやサービスを紐づけるのが「スキル」です。「スキル」とは、スマートデバイスへの命令、またはユーザーに提供される機能を意味します。「スキル」により、映画を観たり、音楽を聴いたり、検索をしたり、ランチを注文したりといった音声AIアシスタントのサービスが実現されるわけです。

パートナーの数が増えて「スキル」が追加されることで、デュアーOSはその機能を拡張することができます。２０１９年２月現在、デュアーOSのエコシステムが持つ「スキル」セットは10分野にわたり、その数は２００以上に達しています。

「デュアーＯＳ」が実装されたスマートデバイスは実にさまざまです。スピーカー、テレビ、冷蔵庫、温水器、空気清浄機、照明、玩具、洗濯機、掃除機、炊飯器、エアコン、ロボット、ステレオ、リモコン、ドアロック、カーテン、時計、自動車、モバイルなど挙げればキリがないほどです。

これらスマートデバイスは人々の生活にかかわるあらゆる場面に及び、「スマートホーム」や「スマートカー」を現実のものにしつつあります。今後は外部パートナーからさまざまなコンテンツやサービスを呼び込み、大きなエコシステムを形成していくことでしょう。

スマートシティ建設について各地方政府と協力

さらに、デュアーＯＳが実装された家電や自動車、ＩｏＴ製品などのスマートデバイスは、「スマートシティ」の実現へとつながっています。

２０１７年12月、バイドゥは都市計画・建設にＡＩ技術を活用する「ＡＩ都市計画」に関して、戦略的に協力していくことで中国河北省雄安新区政府と合意しました。

雄安新区は、中国政府が成長エンジンとして建設を進める新しい経済特区です。バイドゥと同区政府の合意には、雄安新区をスマートシティにすること、そのために自動運転や公共交通、教育、セキュリティ、ヘルスケア、環境保護、決済などのさまざまな分野にＡＩ技術を活用することなどが謳われています。

ほかにもバイドゥは、河北省保定、安徽省蕪湖、重慶、上海において、ＡＩ技術を使ったスマートシティ建設について各地方政府と協力していくことを予定しています。

これらスマートシティには、当然、バイドゥのＡＩ技術が総力をもって埋め込まれます。人々の生活の隅々にまでＡＩが入り込み、生活をする上でのさまざまなニーズがＡＩによって充足されることになるでしょう。

中国は、国策としてＡＩ産業を全面的に支援しています。２０２０年までに約16兆円のＡＩ市場をつくり、その10年後には10倍の約１６０兆円のＡＩ市場にすることを宣言しているのです。ＡＩには、低炭素社会の実現や住みやすい街づくり、人と自然の共生などを実現できる可能性があり、中国が抱える社会の課題を解決することにもつながります。その意味で、**スマートシティは中国の経済・社会政策の一環としても重要な役割を担っている**のです。

バイドゥは、デュアーＯＳをスマートカーやスマートホーム、スマートシティの基本ソフトとして位置づけ、生活サービス全般のエコシステムを形成しようとしています。

一方で、音声ＡＩアシスタント市場でトップをいくアマゾン・アレクサは、「アマゾン・エコー」という絶対的なスマートホームのプラットフォームを持っています。アマゾン・アレクサは2万種以上のスマートデバイスに搭載され、その「スキル」セットは6万ともいわれています。

圧倒的な「アマゾン・アレクサ経済圏」にバイドゥの「デュアーOS」が対抗することは可能なのでしょうか。米中新冷戦という戦いの構図において世界が分断されている中、米中企業共に相手側陣地に攻め込んでいくためのカギは、もはや企業側にはないのかもしれません。

09

世界でもっとも自動運転車の社会実装を進めている会社

中国政府から「AI×自動運転」事業を国策として受託

バイドゥは2017年に中国政府から「AI×自動運転」事業を国策として受託しました。バイドゥが注力するAI事業の中でも、自動運転は非常に重要な位置づけにあるといえます。

バイドゥの自動運転に関する取り組みがこれまでどのような経緯であったのか、今どの段階にあるのかを整理しておきましょう。

実はバイドゥは、２０１３年にはすでに自動車メーカーと協力し、自動運転に取り組んでいました。完全自動運転に必須となる高精度3次元地図のほか、ローカリゼーション（自車位置特定）・センシング・行動予測・運行プランニング・運行インテリジェントコントロールなど、自動運転に関わる技術の開発を進めていたのです。

２０１５年末には「無人運転事業部」を設置し、北京周辺で自動運転のプロトタイプ車のテスト走行を実施。２０１６年４月には、自動運転の研究開発やテストに注力するため、米国シリコンバレーに拠点を設立。続いて8月、自動運転のテスト車両として、中国自動車メーカー「ビッグ5」の一角である奇瑞汽車が製造する電気自動車（ＥＶ）を採用しました。さらに9月には米国カリフォルニア州で自動運転車のテスト走行を行う許可を取得し、11月には中国で18台の自動運転車を展示してデモ走行を行っています。２０１７年3月には、北京市海淀区の3カ所の道路で自動運転車8台のテスト走行実施許可を申請しています。

そして２０１７年4月、「中国ＡＩの王者」として培ったＡＩ技術、検索サービスから蓄積したビッグデータ、高精度3次元地図の知見、センシングなど自動運転の技術を結集し、満を持して**自動運転プラットフォーム「アポロ計画」を打ち出した**のです。

アポロ計画では、バイドゥが持つＡＩ技術やビッグデータ、自動運転技術をパートナーにオープンにし、相互に共有することによって、パートナーが短期間で独自の自動運転システムを構築することを可能にする「AI×自動運転」技術のプラットフォームが提供されます。**より多くのパートナーを巻き込むことによって、バイドゥの「アポロ」を自動運転車の世界のプラットフォームやエコシステムにすることを目論んでいる**のです。

バイドゥは、2017年4月の「アポロ計画」発表に続き、7月に「アポロ1・0」、9月に「アポロ1・5」として自動運転プラットフォームの技術を段階的にオープンソース化し、2018年には「アポロ2・0」として**自動運転の技術をほぼすべてオープンソース化**しました。2018年7月に発表された「アポロ3・0」では、低コストでの量産ソリューションや限定区画での運転シナリオへの対応がなされています。この時点で、**「アポロ」の実装により単純な都市部道路では昼夜を問わない自動運転が可能なレベルに達した**とされています。

自動運転バスを2018年から社会実装化

CES2019においてバイドゥは、**「世界でもっとも自動運転車の社会実装が進んでいる会社」**として注目を集めていました。同社では2018年初めに同年中の自動運転バス実用化計画を発表していました。その計画について、バイドゥはCESのブースにおいて、「実際に2018年に自動運転バス商業化をスタートさせたこと」「すでに中国全土21カ所で展開していること」、さらには「２０１８年７月より世界初のレベル４自動運転バスの量産化に入っていること」などを映像と共に誇らしげに発表していたのです。

日本の自動車メーカーやメガサプライヤーはコンセプトカーの展示にとどまり実用化にはまだ数年を待たなければならない状況。グーグルのウェイモでも２０１８年12月にようやく限定的な条件の中で自動運転タクシーの商業化をスタートさせたばかりのタイミングです。中国全土21カ所で展開する一方、すでに量産化に入っているという状況のバイドゥは、**「２０１８年から自動運転バスの社会実装に入った企業」**と表現しても差し支えないでしょう。

自動運転バスはあらかじめ路線が限定されていることなどから比較的実用化しやすいセグメントと見られており、バイドゥの発表内容からは、同社がきわめて戦略的に自動運転バスから社会実装をスタートさせたと分析できます。**自動運転車の量産化・収益化にもっとも近い位置にある企業が、自動車メーカーではない、中国のテクノロジー企業である**ことには大きな衝撃を覚えます。

「アポロ」は数多くのパートナーを巻き込みながら急速に勢力を拡大しています。バイドゥも自動運転バスはその第一弾に過ぎず、**最終目標は乗用車等での社会実装で先駆者**となることにあるのは明らかです。アポロの強みは、やはり**国策プラットフォーム**であることでしょう。中国政府は自動車産業政策にしてもＡＩ産業政策にしても、表面的には国際協力や開放といった概念を強調しています。

もっとも中国国内のプラットフォームにはなれたとしても、今後は**本当に世界を巻き込んでいくことができるのかどうか**が難問として立ちはだかってくるはずです。バイドゥには、テクノロジー中心志向から顧客中心志向への進化もまた求められているのです。

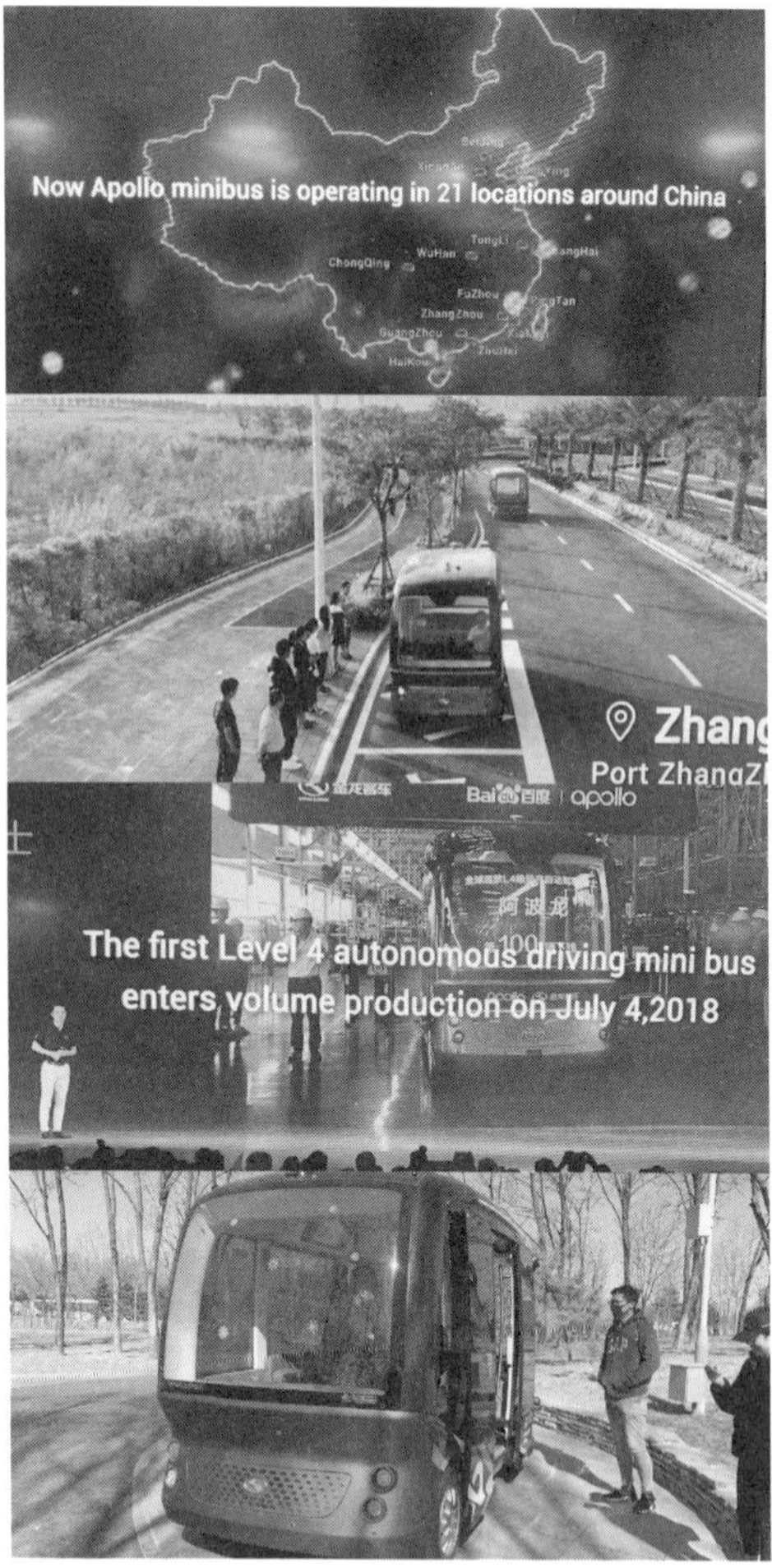

【PHOTO4-4】バイドゥは2018年より自動運転バスをすでに21カ所で社会実装している。自動運転については、「コンセプトカーの日本メーカー」「商業化を2018年末から始めた米国テクノロジー企業」「社会実装を2018年から始めた中国テクノロジー企業」というのが現在の状況。写真はCES2019でのバイドゥの発表（1～3枚目）と、筆者が北京で自動運転バスに乗車した際のもの（4枚目）。いずれも筆者撮影

第5章

GAFA×BATHの総合分析と米中の新冷戦

01

「5ファクターメソッド」による分析のまとめ

「ミッションが事業を定義し、イノベーションを起こす」

ここまで8社を同時に分析してみると、いろいろと見えてくるものがありました。「5ファクターメソッド」による分析の振り返りから始めましょう。まずはミッションを中核とする「道」と経営者のリーダーシップを中核とする「将」の重要性です。今回の8社の場合、6社が創業経営者であり、そうでない2社（アップル、グーグル）においても経営者（将）の使命感や価値観が企業全体に大きな影響を与えています。さらには、自社はどのように在るべきか、何を成し遂げるべきかという「道」が他の要因に大きな影響を与えています。

道が、どのようなテクノロジーを事業機会と捉えるのかという天に影響を与えている。

道が、どのような事業ドメインで事業展開していくのかという地に影響を与えている。

道が、どのようなリーダーシップを発揮すべきかという将に影響を与えている。

道が、どのようなビジネスモデルやプラットフォームを構築するのかという法に影響を与えている。

ここでいう道とは、各企業で明文化されたものだけを指しているわけではありません。むしろ**各企業において、実際に大切にされている使命感や価値観を重要視**しています。

■**8社のミッションを4つに分類**

8社の道を分析してみると大きく4つの志向に分類されます。

アマゾンは**顧客志向**、グーグルやアリババは**社会問題解決志向**、アップル、フェイスブック、テンセントは**新たな価値提供志向**、そしてバイドゥとファーウェイは**技術志向**です。

この分類でBAT（バイドゥ、アリババ、テンセント）を比較すると、なぜアリババが中国の社会インフラを構築し続け、なぜテンセントがコミュニケーションアプリを基軸として新たな生活サービスを生み出し続け、なぜバイドゥがテクノロジーには優れている一方で時価総額では他の2社の後塵を拝しているのかも読み解けるのです。

■**8社の共通点**

8社を分析してみての共通点としては、プラットフォーム志向であること、「ビッグデータ

×AI」志向であること、**それぞれの分野でデジタルトランスフォーメーション（DX）を先導している**こと、カスタマーエクスペリエンスを最重要視していることなどが指摘できるでしょう。

それぞれの企業の違いや特徴、特にどのように事業展開しているかを理解し、これからどのような方向に進み続けていくのかを予測するには、道の解読が有効です。たとえば、GAFAのミッションをデジタルトランスフォーメーション（DX）という概念を使って説明すれば、「顧客の経験価値をDXする」アマゾン、「スマホにより生活をDXする」アップル、「情報の整理をDXする」グーグル、「つながりをDXする」フェイスブックというように表現できるでしょう。

■優れたミッションがイノベーションを生む

米中メガテック企業8社において、ミッションがさまざまな部分で大きく影響していることは、**ミッションが競争優位にまで高められている**ことを意味しています。こうした企業は希有な存在です。

私は、ミッションが競争優位性として機能している企業においては、単なる物理的な「商品」ではなく、社員一人ひとりの哲学やこだわりであるミッションが練り込まれた「USP

（Unique Selling Proposition：独自の価値）商品」が、つまりは「顧客価値」が提供されているのではないかと考えています。そして、自らが提供する「商品・サービス」を、より優れた社会環境の中でフルに活かしていくにはどうしたらいいのかという使命感や問題意識が実際にイノベーションを起こしていると分析しています。本文でも触れたように、特に形のある「商品」を提供しているアップルについては、これらのことが理解しやすいでしょう。

優れたミッションが組織と社員のＤＮＡとなることで組織と社員には自律的なリーダーシップが生まれる。社員一人ひとりが自律的に自分自身にリーダーシップを発揮し、周りにもリーダーシップを発揮し、相互にリーダーシップを発揮し合いコラボレーションすることでイノベーションを創造する。これは、アマゾンを「５ファクターメソッド」で詳細に分析した著書『アマゾンが描く２０２２年の世界』（ＰＨＰビジネス新書）でも触れた点ですが、今回は８社すべてに同じことがいえるのではないかと考えます。

「ミッションが事業を定義し、イノベーションを起こす」

本書でもっとも強調したい分析ポイントの１つです。

02 「ROAマップ」による分析

業種や企業の特徴を端的に表す手法

次に8社について、業種や企業の特徴を分析していきましょう。ここで用いるのが「ROAマップ」です。縦軸に営業利益率、横軸に総資産回転率をプロットして分析する手法を私は「ROAマップ」と呼び、コンサルティングで当該企業を初めて分析する際に使っています。

この手法を重視するのは、これが、「定量×定性」分析、そして「収益構造×事業構造」分析の接点となるものだからです。ROAマップ自体は、**財務分析という定量分析**ですが、収益構造や事業構造という当該企業の経営戦略の結果が織り込まれており、**定性分析のツールであるともいえる**のです。なお、ROAとは「総資産利益率」のことで、投下した資産によりどれだけの利益を生み出したかを表しており、効率性と収益性が反映されます。ROAは一般に、「当期純利益÷総資産」で導き出されます。

図5-1
ROAの考え方

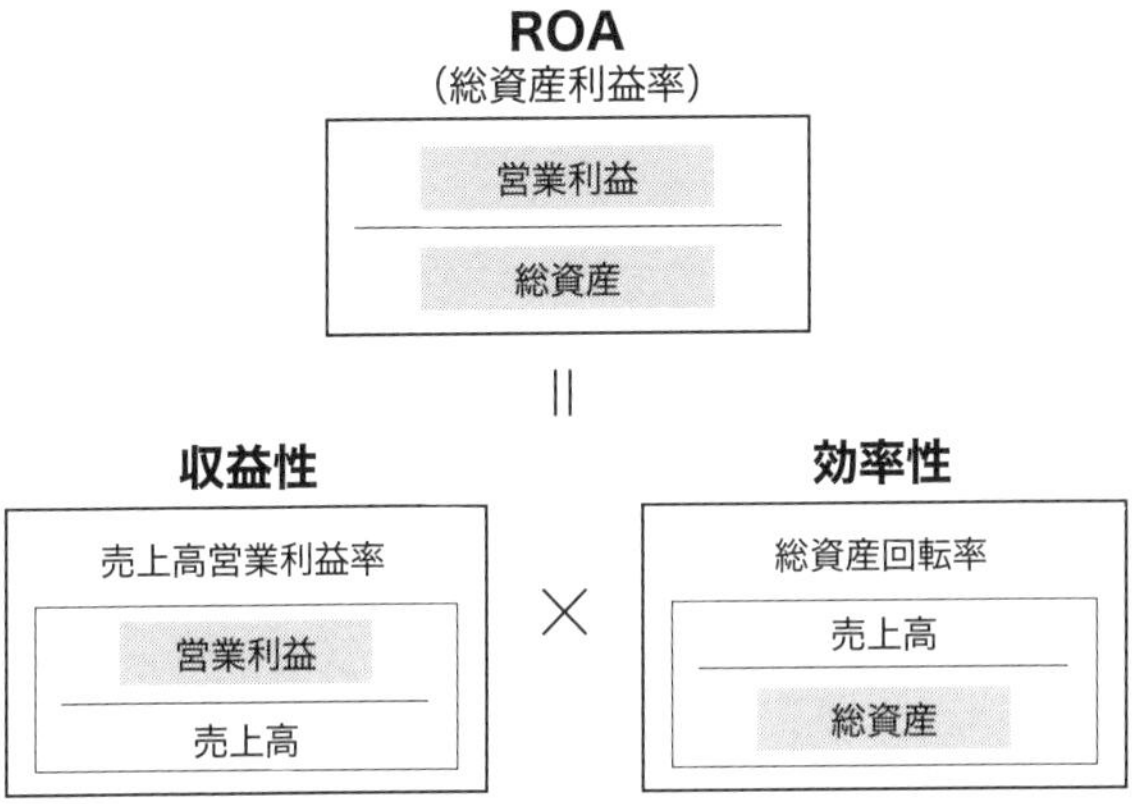

　このマップの**横軸は総資産回転率＝「1年間に資産が売り上げとして何回転したか」**です。この数値は、「売上高÷総資産」で求められ、資産がどれくらい有効活用されているかを示します。一般的には、商社や小売業のような販売や販売仲介型の業種は高くなり、鉄鋼・金属・化学といった重厚長大型の業種は低くなる傾向があります。これは業界の中でも同じことがいえます。

　たとえば、日本の介護業界でいえば、総資産回転率は、設備投資（土地や建物、さらにはその他の有形固定資産）が必要となる有料老人ホーム企業は低く、デイサービス企業、そして在宅サービス企業の順に高くなっています。設備が軽微なほうが総資産回転率は高い一方で、利益率は低くなる傾向があります。

　マップの**縦軸は売上高営業利益率**（「営業利益」

は8社各社の「Operating Income」もしくは「Operating Profit」を使用）で、「営業利益÷売上高」で計算します。営業利益率には、当該企業の市場ポジションや意思が投影されています。一般的には生産性の高い業種や企業のほうが高くなる傾向があります。

先に説明したように、ROAは一般に「当期純利益÷総資産」で計算しますが、私は本業による利益である営業利益を用いて「営業利益÷総資産」で計算するのが実態をつかみやすいと考えています。そこでROAを「営業利益÷総資産」とすると、図5－1の通りこれは「総資産回転率（売上高÷総資産）」×「売上高営業利益率（営業利益÷売上高）」に分解できます。ROAマップは、これを可視化したものです。

■総資産回転率に注目

それでは実際に「ROAマップ」を使って8社の分析を行っていきましょう。図5－2を見てください。

まずは横軸の総資産回転率に注目して8社を見ます。特徴的なのは、**中国企業BAT3社の総資産回転率が相対的に低い**ことです。これは事業の結果蓄積した資本をより積極的に新たな投資に充当しているからであることが、バランスシートの分析で読み取れます。アマゾンを除く米国3社（フェイスブック、グーグル、アップル）も総じて総資産回転率が低くなっていま

図５-２
「ROAマップ」で分析するGAFAとBATH

「ROAマップ」グラフ

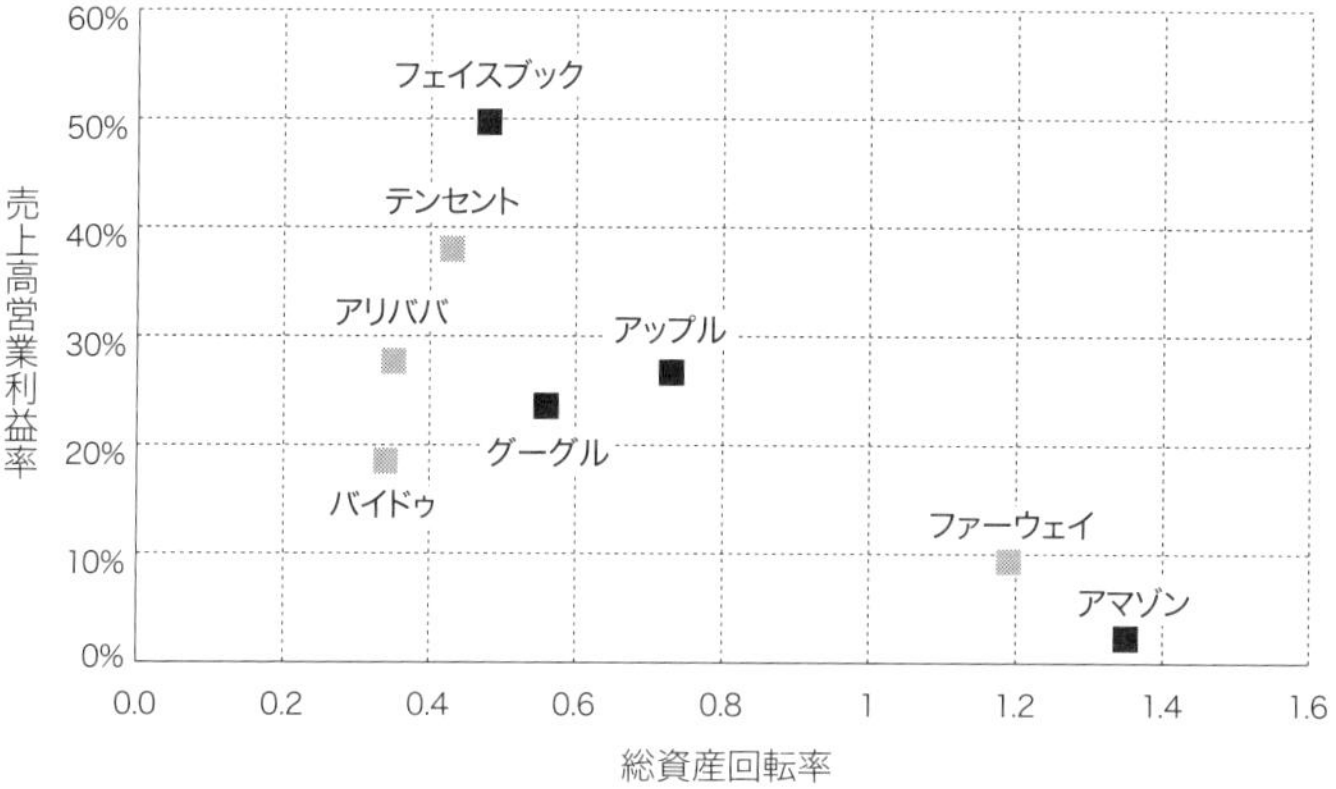

「ROAマップ」表

	総資産回転率	売上高営業利益率	ROA(総資産利益率)
アマゾン	1.35	2.31%	3.13%
グーグル	0.56	23.59%	13.25%
ファイスブック	0.48	49.70%	23.90%
アップル	0.73	26.69%	16.34%
アリババ	0.35	27.70%	9.67%
バイドゥ	0.34	18.49%	6.23%
テンセント	0.43	37.98%	16.28%
ファーウェイ	1.19	9.34%	11.16%

出典:各社の下記資料をもとに筆者作成
アマゾン:2017年12月期決算財務資料／グーグル:2017年12月期決算財務資料／フェイスブック:2017年12月期決算財務資料／アップル:2018年9月期決算財務資料／アリババ:2018年3月期決算財務資料／バイドゥ:2017年12月期決算財務資料／テンセント:2017年12月期決算財務資料／ファーウェイ:2017年12月期決算財務資料

すが、これも同じ要因です。

マップからは、中国BATのほうがより積極的に新規投資に資本を充当していることが読み取れます。

8社の中ではアマゾンがもっとも高い総資産回転率となっています。これは同社が小売企業という側面を持つと考えると納得できる結果です。同じようなビジネスを提供しているイメージが強いアリババとは対照的な位置にありますが、アリババは中国の社会インフラを担う企業としてより広範な事業に投資している、つまりはアリババの実態はもはや小売業ではないということが数字でも裏づけられています。収益面ではEC・小売りに依存しているものの、中国の未来への先行投資を行っているのです。

8社の中ではもっとも製造業というイメージが強いファーウェイ。そのイメージ通りであれば、いちばん左側に位置すると予想されます。それが、〝小売り〟のアマゾンに準じる位置にあるのは、意外な結果でした。メーカーとしては生産性や効率性の高い経営を行っていることを意味しますが、社外からの知見を獲得して事業展開することで、バランスシート上、無駄な投資をする必要がないことを示唆しているのかもしれません。同社が米中の戦いにおいて重要な位置を占めている中、きわめて興味深い分析結果ではないかと考えられます。

■営業利益率に着目

営業利益率を見てみましょう。総資産回転率で8社の中では違う位置にいたアマゾンとファーウェイを除くと、その他の6社の営業利益率の高さには目を見張るものがあります。

なかでも、**フェイスブックの49・7%という営業利益率の高さ**に驚かされることでしょう。これは、同社がデジタル世界にフォーカスして事業展開し高収益基盤を構築してきたこと、また「つながる」というミッションを中核にして、それを逸脱する事業には投資せず、本業での高い収益率を維持していることが大きな要因です。

さらに、一般的に高い収益率を誇っているというイメージのある**アップル以上に、テンセントやアリババが高収益を維持**していることは驚きです。後者2社のほうが広範囲に事業を展開しており、もっとも利益率が高い本業利益率が希薄化しているにもかかわらず、です。テンセントとアリババ、それぞれの本業利益の厚さが積極的なイノベーション投資を可能にしていることも見逃せない点です。

アマゾンの営業利益率が低いのは経営者の意思によるものです。広く知られている通り、CEOであるジェフ・ベゾスは、短期的な利益よりは長期的な成長やキャッシュフローを重視すると明言しています。

ファーウェイの営業利益率が低いのは、財務諸表を見ると、R&D（研究開発）費用が売上高の約15％、営業費用の約49％を占めていることが理由です。R＆D重視の経営戦略が営業費用を押し上げ、その結果、営業利益を圧迫しているということが見て取れます。

ROAマップ全体から8社を総合分析する

企業分析における重要な定性分析としては、事業ドメインが、「製品型なのかプラットフォーム型なのか」「製品型なのかインフラ型なのか」「リアル中心なのかデジタル中心なのか」などが指摘できます。特に最初の2つは重要です。それは、プラットフォームやインフラを構築していくためには多大なコストや時間が必要となる一方、成功した場合のリターンが大きいからです。そのチャレンジは、短期的には企業全体としての収益性を犠牲にする必要があるかもしれません。

しかし、中長期的な成長性を考えればそこへのチャレンジは不可欠であり、またいったんプラットフォームやインフラと化すような事業構造が構築できたら、安定性と収益性双方を満たすこともできるようになるのです。

高収益を生み出す製品を獲得できたなら、それに注力していれば短期的には高収益は維持できるでしょう。しかし同じ製品だけにしがみついていたなら、中長期の成長性や安定性は損なわれる可能性が高いのです。米中メガテック企業８社を見る上でも、これらの視点は重要になります。

続いて、本書でこれまで行ってきた５ファクターメソッドでの分析を踏まえて、ＲＯＡマップを活用してもう一歩踏み込んだ分析を行ってみましょう。**実際の企業の姿がより明確に見えてきます。**

■アマゾン

まずアマゾンは、ＣＥＯジェフ・ベゾスが公言してきているように、利益は出さずに投資にキャッシュフローを投入するという経営戦略ともいえる財務戦略がＲＯＡマップの立ち位置に明快に反映されています。アマゾンの場合、会計利益を上げ、配当をするようになったら、成長性に陰りが出た、つまり「売りサイン」であると判断すべきなのです。

■フェイスブック

米国テクノロジー企業の中では、相対的に「つながる」という事業ドメインに特化することでもっとも高い収益率を生んできたフェイスブックが、相対的にもっとも積極的に新規投資を行っていることがうかがわれます。ＡＩに加えてＶＲ／ＡＲ（仮想現実／拡張現実）に戦略投資していることが同社の特徴ですが、その投資が実を結ぶようであれば、VR／ARのプラットフォーマーとなるのはフェイスブックになるのかもしれません。

■アップル

アップルはROAマップの中央に位置しており、さまざまな選択肢を取り得ることを示唆しています。その一方で、新規投資よりは足元の業績や株価を意識した経営が行われてきたことも意味しています。限られた製品にフォーカスしてきたことがアップルの高収益の大きな要因となっていますが、その分だけ「アップルショック」のインパクトも大きいわけです。前述したヘルスケアでの破壊的イノベーションが待たれるところです。

■グーグル

グーグルは高収益の広告事業という本業からさまざまな事業に投資をしていることがROAマップでも裏づけられました。「情報を整理する」というグーグルのミッションからは強固なキャッシュが生み出されています。今後は、「あなたの周りの世界を利用しやすく便利にする」という持株会社であるアルファベットのミッションからもキャッシュを生み出すことが求められています。

■バイドゥ

バイドゥはBATの中では収益性や時価総額がもっとも低い一方、**音声AIアシスタントと自動運転の2分野でのAI投資に起死回生をかけている**ことがROAマップにも投影されています。技術志向中心の経営から、技術を活かし顧客価値を創造する経営へとトランスフォーメーションできるのかが問われています。進めるべきは、さらなるデジタル化ではなく企業全体の変容なのではないかと考えられます。

■アリババ

アリババは中国政府の手厚い支援も受けて中国の社会的インフラを構築してきていることがROAマップからもうかがわれます。その一方で、創業者であるジャック・マーが退任を発表し共産党員であることも開示され、これからは中国リスクのさらなる顕在化という課題にも取り組む必要があります。世界が分断されている中で、いかに**グレーターチャイナ以外にもアリババ経済圏を拡大できるのか**が問われているのです。

■テンセント

テンセントは、コミュニケーションアプリで顧客接点を押さえるところから生活サービス全般に事業領域を拡大、そのきわめて親密な顧客接点が強力な後発者利益を生み出している様子がＲＯＡマップに投影されています。もっとも5G時代が到来し、動画やＶＲ／ＡＲで新たなコミュニケーションプラットフォームが生まれる可能性も高い中、**いつまでも現在のビジネスモデルだけに依存していたら、事業の根底から覆る可能性も否定できない**でしょう。「あとから始めても、濃厚な顧客接点を活かしてすぐに追い越せる」という現在のプラットフォームとビジネスモデルがあまりにも強力なだけに、反対に興味を持つところでもあるのです。

■ファーウェイ

中国リスクが完全に顕在化したファーウェイは、もはや**米中の戦いの縮図といえる存在**です。グレーターアメリカでの事業展開やサプライチェーンから締め出される可能性も高い中、いかに自地域内でＡＩ用半導体等の最先端テクノロジーも含めたサプライチェーンを構築できるか。未上場企業で国策的企業でもあり、高収益を出す必要のない同社は、**ＲＯＡマップ上は、さらに右下に位置してくる展開**を予想しています。

03 8社への強い逆風は今後どう影響するか

対応次第では存亡の危機も？

これまで順調に業容を拡大してきたように見える米中メガテック企業8社ですが、2018年春頃から変調が見え始め、遂には強い逆風にさらされるようになってきています。逆風の大きな要因としては、**政治・経済・社会・技術等の外部環境**が挙げられます。もっとも、それら以上に米中メガテック企業8社が巨大となり**それぞれの分野で破壊的影響力を持つようになった**ことも見逃せません。この逆風は起きるべくして起きたものも少なくなく、対応次第では存亡の危機を迎える企業も出てくる可能性すらあると考えます。

■データ規制包囲網

21世紀は「データの時代」とも呼ばれる一方、データの独占からくる競争阻害の問題、個人のプライバシー問題、セキュリティ問題などがグローバルで大きな問題として取り上げられるようになってきました。これらの問題に、よりセンシティブに対応している欧州でのGDPR（EU一般データ保護規則）は米中メガテック企業に対するデータ規制包囲網といえるものでしょう。米国では自国テクノロジー企業の競争力維持のために規制には慎重ですが、それでも一定のデータ規制は避けられない状況となっています。「データは誰のものか」という倫理的な問題とも相まって、**手放しにデータの利活用が進む展開に歯止めがかかっていくのは確実**です。

■デジタル課税

GAFAについては、その巨大な事業規模に対して実際に納税している金額があまりにも少なすぎるという点も大きな批判を浴びています。現状の税制・法制等で捕捉困難であることから、GAFAを狙い撃ちした新たな「デジタル課税」が2020年から英国で始まる中、これらの動きは欧州を中心にさらに大きな広がりを見せることが予想されます。私は、旧来型の税制は外部環境の変化に追いついておらず、**課税の不公平を解決していくような抜本的な税制の改革が巻き起こってくる**のではないかと考えています。外国法人への課税の根拠となる、事業を行う場所である「恒久的施設」の定義などがグローバルで議論されてくることでしょう。

■地域経済に及ぼす影響

さらにはGAFAについては**地域での雇用を奪い、地域経済を衰退させている**との根強い批判もあります。ここではアマゾンについて見てみましょう。たとえば、日本でも有名になった言葉として「アマゾン・エフェクト」という概念があります。アマゾンの事業展開がさまざまな企業・産業・国家にまで影響を与えていること、そしてその影響自体を意味する言葉です。

アマゾンが２０１７年に高級スーパーであるホールフーズを買収し、その事業領域がリアル店舗も含むようになったため、**低価格化の範囲がＥＣ経済圏からリアル経済圏にまで拡大**し始め、アマゾン・エフェクトという言葉の定義自体も進化しています。

アマゾン自体は拠点を持つ地域で巨大な雇用を生み出している一方で、アマゾンが事業展開しているその他すべての地域において、アマゾン・エフェクトにより本来であれば当該地域で存在していたはずの企業・雇用・経済を破壊していると指摘されているのです。それが米国での**アマゾン・エフェクトの本質**です。

■「巨大になりすぎて自らがコントロール困難」

自らが創り出してきたプラットフォームがあまりにも巨大になりすぎて、自らがコントロール困難になってしまった事例すら発生しています。その典型的な事例がフェイスブックにおける不正アカウント問題でしょう。不正アカウントは、スパムや悪質な広告目的のみならず、詐欺行為やフェイクニュースにも使われています。フェイスブックもＡＩや人を駆使して対策に追われていますが、現在のＡＩの水準では不正アカウントを完全に駆除することは困難なようです。「巨大になりすぎて自らがコントロール困難」という事実からは、**テクノロジー時代における新たなシステミックリスク（特定機関から市場全体に波及するリスクのこと）**の存在も感じさせるものではないでしょうか。

■ＢＡＴＨを襲う国内での調整

中国メガテック企業にも当然のことながら逆風が吹き荒れています。米中新冷戦の影響が大きいのは中国メガテック企業であることはいうまでもありません。そして中国メガテック企業では、中国内でもさまざまな調整が起き始めています。アリババが進めてきたアリペイもその影響力の大きさから中国の金融当局に規制され始めました。テンセントでは、主たる収益源の１つを占めるゲーム事業に規制がかけられ株価が下落しました。そもそも統制型資本主義の中国においては、**それぞれのメガテック企業は重要な存在である一方、それらの企業も国家経済繁栄のための手段に過ぎない**のかもしれません。私は、米中新冷戦の最中にアリババのジャック・マーが共産党員であることが公表された際、これだけの**中国の英雄ですら「手段」である**

という中国政府からの意思表示であると脅威を感じました。

04 世界が米中で分断されるとどうなるか
――新冷戦の本質

今後を占うもっとも重要な要素

米中メガテック企業の今後を占う上でもっとも重要な要素が米中新冷戦であることは間違いないことでしょう。「世界が分断される」ことが多くの識者から指摘され、人々がそのように感じる機会も増えてきました。米国では２０１８年９月にグーグル元会長のエリック・シュミット氏が、「これからインターネットの世界は米国主導と中国主導の２つに分断されていく」との予測を明らかにしました。原文を読みましたが、シュミット氏が中国のテクノロジー覇権に大きな脅威を感じていることがよくわかりました。

「いまや問うべきは、米中二極体制の時代がやってくるのかどうかではなく、それがどのようなものになるかだ」。これは『フォーリン・アフェアーズ・リポート』（２０１９年１月号）に掲載された清華大学特別教授であるイェン・シュエトン氏（国際関係論）の論文の冒頭にある言葉です。特に実際のビジネスに従事する私たちにとって重要なのは、「これは新冷戦なのか否か」と議論することではなく、**「新冷戦はどのように展開する可能性があるのか、それぞれのシナリオに応じてどのように対策を講じておくか」**という点にあるのだと考えます。

米中で二極化され分断した世界はどのようになっていくか

実際の国境よりも、サプライチェーンで規定されている領域のほうが重要となってきているグローバル経済においては、政治（Politics）、経済（Economy）、社会（Society）、技術（Technology）の4分野を同時に戦略分析することが重要であることはいうまでもありません。いわゆるPEST分析の手法です。

私は、米中の戦いの構図を「軍事や安全保障を含む国力の戦い」（政治）、「米国式資本主義と中国式資本主義の戦い」（経済）、『『自由×統制』のあり方を巡る価値観の戦い」（社会）、「テクノロジー覇権の戦い」（技術）であると分析しています。貿易戦争としての米中の戦いは比較的短期のうちに収束する可能性もある一方、安全保障やテクノロジー覇権を巡る戦いと捉えた部分での長期化は避けられないでしょう。その一方ですでに民間レベルでの米中のつながり

図5-3
PEST分析から読み解く米中戦いの構図

PESTと「戦いの構図」	米国	中国
・Politics／政治 軍事や安全保障を含む 国力の戦い	トランプの（軍事的にも） 「強いアメリカ」	習近平の （軍事的にも）「強いチャイナ」
・Economy／経済 米国式資本主義と 中国式資本主義の戦い	米国式・自由市場型 「資本主義」	中国式・国家統制型 「資本主義」
・Society／社会 「自由×統制」のあり方を巡る 価値観の戦い	多様性尊重からの揺り戻し それでも尊重される個性	統制が生み出した新たな規律 それでも制約を受ける個人の 価値観
・Technology／技術 テクノロジー覇権の 戦い	技術における先駆者利益 そして一部は覇権を失う恐れ	技術における後発者利益 そして先駆者としても始動

は深く、鎖国でもしない限り、分断することは困難な部分もあります。特に人と人とのつながりはトランプ大統領でも分断は不可能だと思います。

また、いかに安全保障や軍事上の問題だからといって、トランプ政権の過激な行動は価値観として首肯できないと考える米国の若者も少なくないでしょう。私は2017年2月、米国に出張し、トランプ大統領やペンス副大統領等も演説を行ったCPAC2017（共和党支持母体最大の年次総会）にもリサーチを目的として参加しました。この出張中にトランプ政権へのそうした米国内の反応を肌で感じた部分があります。そもそも前回の大統領選挙においては、多様性を好むと指摘されるミレニアル世代は反トランプ票のほうが多かったことが世論調査で明らかになっています。

さらには、表面的には突然に見えるトランプ政

[PHOTO5-1]
左：ドナルド・トランプ米大統領／右：マイク・ペンス米副大統領。CPAC2017（共和党最大支持母体年次総会）にて筆者撮影。同年、筆者はトランプ政権を分析する連載を持つなど国際政治もウオッチしている

権の行動に対して、欧州等では「突然の改変は事業リスクが大きすぎて回避策を考えざるを得ない」と考える向きも増えてきています。２０１９年２月２日の「日本経済新聞」朝刊には、「欧・イラン、制裁回避手探り／新機関、米ドル介さず決済　企業はリスク恐れ二の足」の見出しで以下の記事が掲載されました。

「米国抜きでイラン核合意を維持するのを狙い、イランと欧州の貿易を促進する新しい枠組みがようやく動き出す。英国などが1月31日に新設を

発表した機関では、米ドルを介さない貿易を後押しし、企業が米国の制裁を回避できる仕組みを探る。ただ実効性は未知数で、欧州とイランの関係も蜜月にはほど遠い。米抜き核合意の維持は困難さを増している」

この記事自体はイランを巡るものではありますが、トランプ政権の突然の行動に備えて米国の影響が及ばないルートを構築しておこうとする動きはこれからも広がってくるでしょう。なお、イランへの対応含めて、米国の施策に対して別の対策を講じておこうとする動き自体が、米国への支持が失われつつあることを表しています。

さらに衝撃的なのは、２０１８年からアリババがアリペイを手段として分散型テクノロジーであるブロックチェーンを活用した国際送金業務に本格的に乗り出していることで、フィリピン、パキスタンなど対象国を拡大させています。私は、この動きを、アリババという１つの企業の金融における１つのサービスであるとは捉えていません。むしろこれから数十年にわたって繰り広げられる、「分断される世界」の金融編のプロローグではないかと観察しているのです。

これまで国際間の送金については、米国主導の中央集権型システムであるＳＷＩＦＴ（国際銀行間通信協会）が一手に引き受けてきました。従来のテクノロジーでは中央集権型で国際決済を管理するのがもっとも優れていたのです。しかし、**分散型テクノロジーであるブロック**

図 5-4
「分断される世界」〜金融編

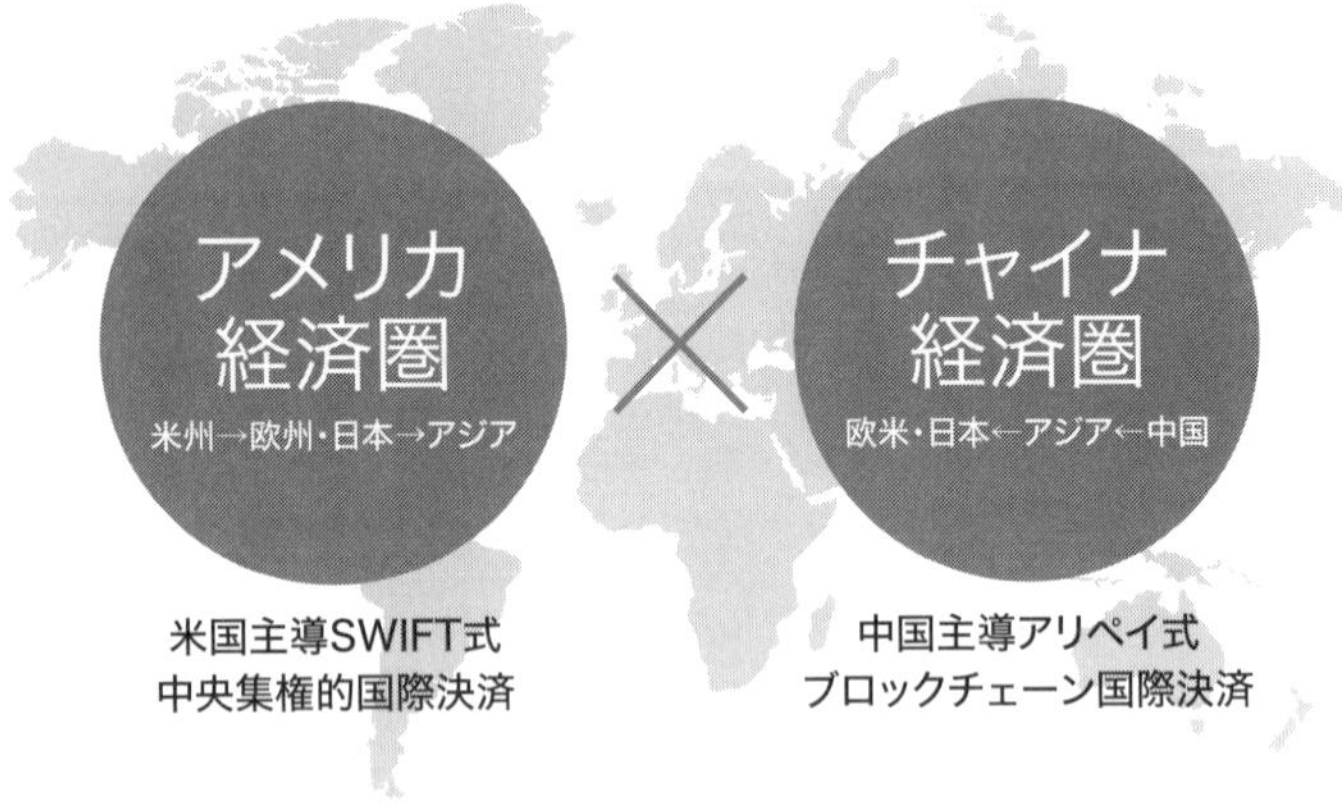

チェーンが実用化段階に突入し、中国ではアリババがEC・小売りの商品管理や、前述のブロックチェーンを活用した国際送金業務などで実用化を始めているのです。

・米中新冷戦における米国の行動は多様性を重視するという観点からは首肯できないという価値観
・あまりにも唐突でリスクが大きすぎるので回避策を講じておこうとする流れ
・そして何よりもテクノロジーの進化そのものは誰にも止められないという真実
・むしろ制約要因が存在することがイノベーションの源泉

このようなことを考え合わせてみると、私は「分断される世界」においては、分断されるものと残るものが明確に分かれてくるのではないかと予測しています。

存亡の危機のカギを握るもの

米中新冷戦はすべてのビジネスに対してもっとも重要なファクターと化しています。私たちにとっては、それは所与のものとしてシナリオ分析と対策を講じておく一方で、**米中メガテック企業のビジネスそのものに目を向けること**がより重要でしょう。

米中メガテック企業への逆風という文脈から私たちが学ぶべきこととしては、信頼・信用、社会性や持続可能性、プライバシーへの配慮などが指摘できます。

私がＣＥＳ２０１９に参加した際、もっとも印象に残っているセッションの１つに、「ブロックチェーンとメディア・広告の未来」というタイトルのものがありました。

「ブロックチェーンは本年にはつまらないものになる。ブロックチェーンは本年には多くの場面で実用化が進む」。パネルにも参加したＭＩＴメディアラボの予測です。

メディア・広告業界のメンバーから構成されるパネルでは、メディアや広告での消費者からの信頼性は従来低く、ブロックチェーンはそれを獲得する大きな手段になるとの意見が出されました。

・広告でも従来以上にプライバシーが重要になる

・個々の消費者にカスタマイズするのと共に、一人ひとりのプライバシーを重視するのがこれからの在るべき姿
・広告とは本来、消費者と企業をつなぐものであるべき
テクノロジーの進化と共に広告も進化するべきですが、**従来以上に消費者の権利に配慮する**ことが米国でも求められていることを体感しました。

ＣＥＳ２０１９における前年との大きな違いの１つは、データの重要性と同時にプライバシーへの配慮を指摘するスピーカーが目立ったことです。米国の場合、欧州で進展しているＧＤＰＲよりはフェイスブック問題を指摘する向きのほうが多かったのは前述の通りです。**どれほど強固に見える巨大なプラットフォームといえども、結局は人が使うものであり、使用者である人から信頼・信用を失ったら、それを運営する企業も存亡の危機に追い込まれるの**ではないでしょうか。

データの独占からくる競争阻害の問題、個人のプライバシー問題、セキュリティ問題。「データは誰のものか」という倫理的な問題までをも惹起しているということは、もはや社会性や事業としての持続可能性ということまでが試されているのではないかと思います。

米中メガテック企業のいずれかが実際に存亡の危機に陥るとしたなら、それは大国による施策によるものではなく、顧客や社会からの支持が得られなくなったときではないか。私はそう

予測しています。

「データは誰のものか」という論点についていえば、私たちは、米中メガテック企業が提供するサービスの相応の割合を、「無料のサービス」として使用しています。その代わりに提供している「個人データ」には価値があるにもかかわらず、私たちは「無料で個人データを提供」しているのです。「データは誰のものか」、言い換えれば**「データはどのように利活用されるべきか」は国家やメガテック企業だけの問題ではなく、私たち一人ひとりの問題**なのです。

最後にサイバーセキュリティ問題について言及しておきましょう。私は、２０１７年３月に技術大国として近年注目を集めるイスラエルに、同国からの国家招聘リーダーシッププログラムの団長として渡航しました。同国では軍事技術の基軸が地上や空中、宇宙、サイバー領域にまで広がっていくことを他国に先行して予測し、サイバーセキュリティの分野でも米国を凌駕するポジションを確保しています。同国滞在中、政府機関・研究機関・大学・民間企業等とのミーティングを行いました。

なかでも本章との関連で特筆すべきは、イスラエルのR&D最高峰の研究機関であるワイツマン科学研究所において行われた、アディ・シャミア博士とのミーティング及び特別講義受講でした。シャミア博士はサイバーセキュリティの代表的技術であるRSA暗号の開発者の１人です。イスラエルにおける次代の注目技術について尋ねたところ、こう話してくれました。

「従来の高速道路のような立体的なインターチェンジではなく、信号機のない通常の交差点を、自動車が高速のままで行き来できるようになる。高速道路でインターチェンジが不要となるところまで自動運転技術の実用化が可能となるわけだ。その中で、位置情報技術×ＡＩ×ＩｏＴなどが交差する自動運転の分野、関連するすべての分野においてサイバーセキュリティがこれからの最注目セグメントになる」

最先端のテクノロジーすべてにおいて、サイバーセキュリティが表裏一体になっているのです。テクノロジーの進化に伴って常にこのセキュリティ問題も高度化していることを認識しておく必要があります。

なお、イスラエル滞在中、「今日が人生最期の1日と思って1日を精一杯生きる」という人生観をよく耳にしました。同国では、離散と迫害の長い歴史の中で多くの仲間を失い、今もなお政治や宗教、信条などが異なる国々に囲まれ、常に危機感と緊張感があるのです。イスラエルでは「0から1を」という表現がよく使われます。「人は誰でも何かを生み出すために生まれてきた」という表現も多くの起業家が口にする言葉でした。0から1を生み出す創造力が重視される背景には、いつ何が起きるかわからないという危機感の中で、常に何かを生み出すことに従事していたいという強烈な欲求があるのだと体感しました。終章で言及する「日本への示唆」、特に最終項の「戦略の要諦」にも通じる貴重なメッセージだと考えます。

終 章

GAFA × BATH時代、日本への示唆

日本に求められる目的設定のリセット

前章で米中メガテック企業への逆風に言及しました。8社の脅威が減じる可能性を考え、少し安堵している読者の方がいるかもしれません。しかし、そう簡単な話ではありません。「日本への示唆」をテーマとする本章では、私たち日本人が即座に改めていかなければならない事柄に目を向け、読者の皆さんの注意を喚起したく思います。

それは、現在、米中メガテック企業が得意とし、日本でも大きなテーマとなっている**デジタルトランスフォーメーションの目的設定**についてです。

キャッシュレス化を例にしてお話しします。米国のキャッシュレス化の代表格は、「無人レジ」コンビニと呼ばれるアマゾン・ゴーです。前述したように、アマゾン・ゴーの目的は、アマゾンという企業の生産性を向上させるため、あるいは構造的な人手不足対策といったものではありません。「ただ立ち去るだけ」というスピーディで快適なカスタマーエクスペリエンス、優れた顧客の経験価値を提供することが目的であると考えられます。

中国では「ただ取り出すだけ」の自動販売機もすでに実用化されています。アリペイやウィーチャットペイのQRコードをかざして自動販売機のドアを開け、ただ欲しいものを取り出すだけで買い物と決済が終了する仕組みで、アマゾン・ゴーの「ただ立ち去るだけ」と同じようなスピーディさです。

それに対して昨今、日本のスーパーでもよく見かけるようになった「無人レジ」では、消費者が端末機の画面を何度もタッチすることが要求されます。「レジ袋は必要か・不要か→決済は何系か（例：交通系）→どの会社のものか……」などを画面にしたがって、消費者自らが何度もタッチするのです。これでは、「店員がいる店舗のほうが手間がかからない」ということで、無人レジ店舗から足が遠のく人も少なくないでしょう。企業側の生産性向上や構造的な人手不足対策ということは理解できますが、何度も消費者が画面をタッチしなければならないプロセスは、明白にサービスの劣化ではないかと観察されます。

２０２０年の東京オリンピック・パラリンピックの開催時に、「ただ立ち去るだけ」や「ただ取り出すだけ」に慣れ親しんだ外国人が日本を訪れて、日本の「無人レジ」を使ったらどうでしょう。日本は顧客へのサービス精神はもとより、ホスピタリティやおもてなしに欠ける国であると感じてしまうのではないでしょうか。

■日本人が見失いつつあるもの

今こそ真剣に自問しなければならないのは、私たち日本人はホスピタリティやおもてなしの

心を見失っているのではないかということです。ホスピタリティやおもてなしの心を持って製品開発していたら、同じ「無人レジ」でももっと消費者にフレンドリーなものになっているはずです。

さらには、そもそも「無人レジ」を導入できる企業も、コストの問題により日本では大手に限られることでしょう。そこで取り残された存在となってしまう日本の中小小売りが勝負すべきものこそ、私たち日本人から失われつつある、でも私たち日本人本来の強みであるホスピタリティやおもてなしの心ではないかと思うのです。

アマゾンがリアル店舗に進出すると共に、オンラインとオフラインを統合させ、さらにはVR（仮想現実）等を活用してリアル店舗に行く必要性を著しく低下させようとしている中、日本の中小小売りでは、今後さらに店舗そのものやそこで働く人の存在意義が問い直されてくるのは明白です。アマゾンが近い将来に富裕層向けのコンシェルジュサービスなど、人のサービスを一部で展開する可能性は否定できないでしょうが、一般消費者向けに人によるサービスを展開することは考えにくいと思います。だからこそ、日本の中小小売りにおいては、**店舗や人の再定義にこそ生き残り策の要諦がある**と考えられるのです。

インターネットやデジタル化の進展により、人と人のリアルなつながりが希薄になってきています。便利ではあるが人間味のないオンラインでの商品説明に味気なさを感じる向きも増えてきています。もっと人とつながりたい、もっと気軽に相談したい、もっとプロから専門的な説明を受けたいといった、プロが持つ専門性やプロとの信頼関係を求めるニーズはさらに高まるはずです。**専門性や信頼性は、最後まで店舗や人に残るべきもっとも重要なレガシー（遺産）**だと考えます。

■察することと所作

その一方で、これまで通りの店舗運営では生き残りは困難なのも明らかでしょう。今後は、リアル店舗でなければ提供できない経験価値をいかに生み出すことができるかが大きなポイントです。

たとえば、書店であれば、「本を売る店舗」から「情報を提供する場所」に自店を定義し直すのです。本を基軸として、文章、映像、画像、そして五感で体験するリアルなライブで、楽しさ、賑やかさ、変化、人と人のつながりを提供していくのです。

顧客が求めていることをＡＩ以上に現場で働くスタッフが素早く正確に察して、人間ならではのきめ細かい、優れた所作をもって対応できるかもより重要になるでしょう。**察することと所作**という、日本人が本来得意としてきた美徳を伸ばしていくことに中小小売りの活路があるはずです。

以上は、キャッシュレス化や小売りを事例にしたものでしたが、日本の他の産業においても同じことがいえると考えます。

米中メガテック企業への逆風という文脈から私たちが学ぶべきことには、信頼・信用、社会性や持続可能性、プライバシーへの配慮などがあります。そうだとすると、これらはおそらく、私たち日本人が本来美徳とするところです。これから私たち日本人の活路が開けるところなのではないでしょうか。

日本に求められるのは、「生産性向上」や「構造的な人手不足」という企業側の論理でデジタルトランスフォーメーションを進めることではなく、あくまでも顧客の利便性向上や経験価値向上に目的をリセットし、**本当の顧客志向に立脚した**デジタルトランスフォーメーションを進めることなのです。

戦略の要諦

本書の最後に、戦略の要諦について話をします。

本書で使用した5ファクターメソッドの原型である「孫子の兵法」の全体構造について、私は図終－1のように解釈しています。

図終-1
孫子の兵法の全体構造

Why
「何のために戦うのか」
国家と国民の繁栄
How
「どのようにするのか」
戦わずして勝つ
What
「何をするのか」
未然に打ち破る
国力を高める
戦ったら必ず勝つ

「孫子の兵法」中の有名な言葉に、「戦わずして勝つ」というものがあります。「戦わずして勝つ」ことが孫子の兵法の本質でもあり、多くの人が切望することでもあるでしょう。もっとも、孫子の兵法をしっかり読み解くと、「戦わずして勝つ」ためには、実際には「未然に打ち破る」「国力を高める」「戦ったら必ず勝つ」という準備を行い、力を蓄えておくことが不可欠であることがわかります。さらには、最上位概念として「Why：何のために戦うのか」という道やミッションが据えられているのです。

これらを現在の日本や日本企業の状況に置き換えてみましょう。

まずは、ただ単に傍観していても「戦わずして勝つ」ことは不可能であるということです。「未然に打ち破る」「国力を高める」「戦ったら必ず勝つ」という準備を行い、力を蓄えておくこと、そしてそれと共に重要なのは、世界がどう在るべきなのか、日本がその中でどう在るべきなのか、そして自分の業界や企業がどう在るべきかという使命を明確にしておくことなのです。

現在の米中の戦いでは、それぞれの国が覇権を争うばかりで、この点はまったく伝わってきません。だからこそ、私たち日本人は、**「Why：何のために戦うのか」についてのグランドデザインをグローバルの視点から提示し**――多様性や個性が尊重され、すべての国家と国民の繁栄が実現することを大義に掲げ世界に提示し――それに向けて**「What：何をするのか」をきちんと準備**し、その上で**「戦わずして勝つ」という政策でより多くの国や企業が参画するよう**にリードしていくべきなのではないでしょうか。

最後に、孫子の兵法の中でももっとも重要な箇所といわれ、「5ファクターメソッド」の原型である五事も含まれた「兵は国の大事なり」の全文と現代語訳を、軍事研究の大家であり戦史研究家でもある杉之尾宜生先生の『[現代語訳] 孫子』(日本経済新聞出版社)から引用します。ビジネスや経営に即した現代語訳ではなく、あえて軍事研究家の現代語訳を引用するのは、米中新冷戦の中で、私たちが戦いということの厳しさを再認識する必要があるからです。

［原文］

孫子曰く、兵は国の大事なり。死生の地、存亡の道、察せざるべからざるなり。故《ゆえ》に、之《これ》を経《はか》るに五事を以《もっ》てし、之を校《くら》ぶるに七計を以てし、その情を索《もと》む。

［現代語訳］

戦争特に武力戦とは、国家にとって回避することのできない重要な課題である。戦争特に武力戦は、国民にとって生死が決せられるところであり、国家にとっては存続するか滅亡するかの岐《わか》れ道である。我々は、戦争特に武力戦を徹底的に研究する必要がある。

根本的な五つの考慮要素について、己《おのれ》自身の主体的力量を検証し、次いで七つの考慮要素に基づき彼我《ひが》の力量を比較検証せよ。そうすれば、彼我の相対的な力量の実態を解明できるであろう。

本書によって、より多くの企業や人が、そして米中新冷戦の中で日本という国自体が、真に「戦わずして勝つ」ことができるようになることを切望しています。

【著者略歴】

田中 道昭（たなか　みちあき）

立教大学ビジネススクール（大学院ビジネスデザイン研究科）教授

上智大学卒業。シカゴ大学経営大学院MBA。専門は企業戦略＆マーケティング戦略及びミッション・マネジメント＆リーダーシップ。三菱東京UFJ銀行投資銀行部門調査役、シティバンク資産証券部トランザクター（バイスプレジデント）、バンクオブアメリカ証券会社ストラクチャードファイナンス部長（プリンシパル）、ABNアムロ証券会社オリジネーション本部長（マネージングディレクター）等を歴任。2006年、株式会社マージングポイント代表取締役社長（現任）。小売、流通、製造業、サービス業、医療・介護、金融、証券、保険、テクノロジーなど多業種に対するコンサルティング経験をもとに雑誌やウェブメディアへの寄稿、テレビ出演も多数。「大学教授×上場企業取締役×経営コンサルタント」という独自の立ち位置を持ち、その切れ味鋭い分析には定評がある。

主な著書に『アマゾンが描く2022年の世界』『2022年の次世代自動車産業』（PHPビジネス新書）、『「ミッション」は武器になる』（NHK出版新書）、共著に『あしたの履歴書』（ダイヤモンド社）など。

GAFA×BATH　米中メガテックの競争戦略

2019年4月9日　1版　1刷

2024年1月10日　　　　5刷

著　者――田中 道昭

©Michiaki Tanaka, 2019

発行者――國分 正哉

発　行――株式会社日経BP

日本経済新聞出版

発　売――株式会社日経BPマーケティング

〒105-8308　東京都虎ノ門4-3-12

印刷・製本――三松堂

ISBN978-4-532-32265-6　Printed in Japan

本書籍に関するお問い合わせ、ご連絡は下記にて承ります。
https://nkbp.jp/booksQA